AF253862

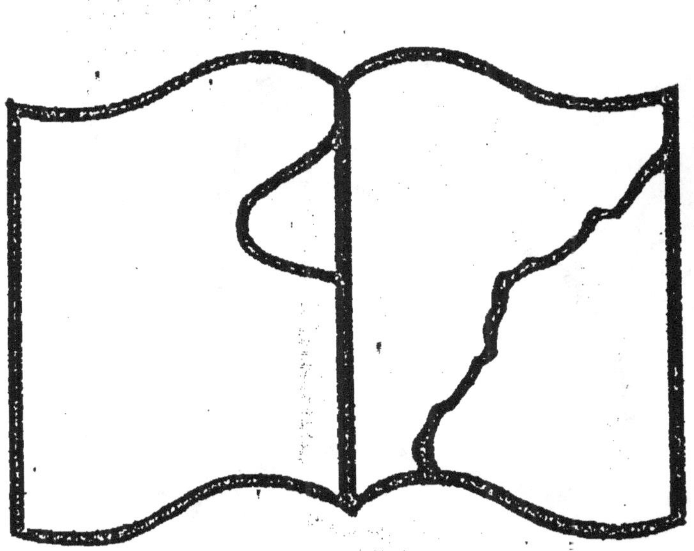

COUVERTURES SUPERIEURE ET INFERIEURE
DETERIOREES

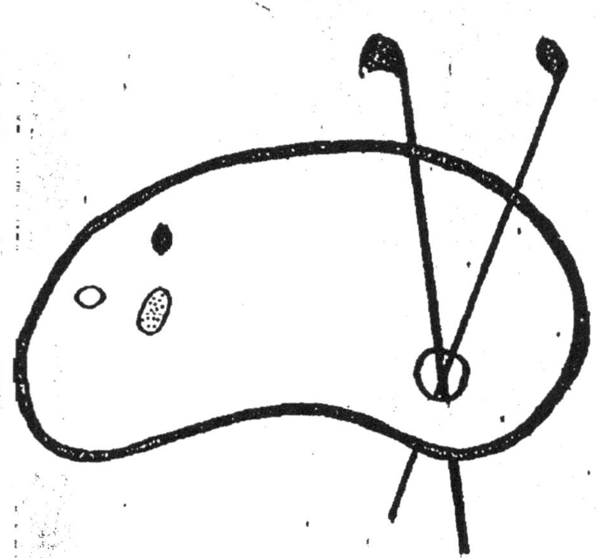

DEBUT D'UNE SERIE DE DOCUMENTS
EN COULEUR

SCIENCE ET RELIGION
Études pour le temps présent

LES
INSTRUCTIONS SECRÈTES
DES JÉSUITES

Étude critique

PAR

le P. Paul BERNARD
de la Compagnie de Jésus

PARIS

LIBRAIRIE BLOUD & Cⁱᵉ

4, RUE MADAME ET RUE DE RENNES, 59

1903

Tous droits réservés.

SCIENCE ET RELIGION

Études pour le temps présent. — Prix : 0 fr. 60 le v(

-- Certitudes scientifiques et certitudes philosophiques, p
R. P. DE LA BARRE, S. J., prof. à l'Institut catholique de Paris.
-- *Du même auteur :* L'Ordre de la nature et le Miracle.
— L'Ame de l'homme, par J. GUIBERT, supérieur du séminai
l'Institut catholique de Paris.
-- Faut-il une religion ? par l'abbé GUYOT.
-- *Du même auteur :* Pourquoi y a-t-il des hommes qui ne
fessent aucune religion ?
-- Nécessité scientifique de l'existence de Dieu, pa
COURBET.
— *Du même auteur :* Jésus-Christ est Dieu.
    id.   Convenance scientifique de l'Incarna-
          tion.
-- Études sur la pluralité des mondes habités et le dogm
l'Incarnation, par le R. P. ORTOLAN.
  I. -- *L'Épanouissement de la vie organique à travers les plain*
    l'infini.
  II. — *Soleils et terres célestes.*
  III. — *Les Humanités astrales et l'Incarnation.*
-- *Du même auteur :* La Fausse Science contemporaine e
        Mystères d'Outre-tombe.
    id.   Vie et Matière ou Matérialisme et spiri
        lisme en présence de la Crista
        génie.
    id.   Matérialistes et Musiciens.
— L'Au-delà ou la Vie future d'après la foi et la science,
l'abbé J. LAXENAIRE.
— Le Mystère de l'Eucharistie. -- Aperçu scientifique,
l'abbé CONSTANT.
-- *Du même auteur :* Le Mal, sa nature, son origine, sa
ration.
-- L'Eglise catholique et les Protestants, par O. ROMAIN.
— *Du même auteur :* L'Inquisition, son rôle religieux, politiq
social.
— Mahomet et son œuvre, par I. L. GONDAL, professeur d'a
gétique et d'histoire au séminaire Saint-Sulpice.
-- *Du même auteur :* L'Eglise Russe.
— Christianisme et Bouddhisme (*Études orientales*), par l'
THOMAS, vicaire général de Verdun.
— *Du même auteur :* Dieu auteur de la vie.
    id.   La Fin du monde d'après la Foi.
-- Où en est l'hypnotisme, son histoire, sa nature et ses
par A. JEANNIARD DU DOT, auteur du *Spiritisme dévoilé.*
— *Du même auteur :* Où en est le Spiritisme.
    id.   L'Hypnotisme et la science catholique.
    id.   L'Hypnotisme transcendant en face de
        philosophie chrétienne.

— L'Apologetique historique au XIX⁰ siècle. La Critique religieuse de Renan, etc., par l'abbé Ch. Denis.   1 vol.
— Nature et Histoire de la liberté de conscience, par l'abbé
Net.   1 vol.
— L'Animal raisonnable et l'Animal tout court, par C. de
Irwan.   1 vol.
— La Conception catholique de l'Enfer, par l'abbé Brémond. 1 vol.
— L'Attitude du catholique devant la Science, par G. Fonsegrive.   1 vol.
— *Du même auteur:* Le Catholicisme et la Religion de Esprit.   1 vol.
— Du Doute à la Foi, par le R. P. Tournebize, S. J.   1 vol.
— *Du même auteur:* Opinions du jour sur les peines d'outre-tombe.   1 vol.
— La Synagogue moderne, sa doctrine et son culte, par A. F. Aubin.   1 vol.
— *Du même auteur:* Le Talmud et la Synagogue moderne. 1 vol.
— Évolution et Immutabilité de la doctrine religieuse dars Eglise, par M. Prunier, supérieur de grand séminaire.   1 vol.
— La Religion spirite, son dogme, sa morale et ses pratiques, par Bertrand.   1 vol.
— *Du même auteur:* L'Occultisme ancien et moderne.   1 vol.
— L'Hypnotisme franc et l'Hypnotisme vrai, par le Docteur Elot.   1 vol.
— L'Eglise et le Travail manuel, par l'abbé Sabatier.   1 vol.
— Unité de l'espèce humaine, *prouvée par la similarité des conceptions et des créations de l'homme,* p. le marquis de Nadaillac, 1 vol.
— *Du même auteur:* L'Homme et le Singe.   2 vol.
— Le Socialisme contemporain et la Propriété, par M. G. Rdant.   1 vol.
— Pourquoi le Roman à la mode est-il immoral et pourquoi Roman moral n'est-il pas à la mode ? p. G. d'Azambuja.   1 vol.
— Comment se sont formés les Evangiles ? par le P. Th. Calmes, professeur au grand séminaire de Rouen.   1 vol.
— L'Impôt et les Théologiens, *Etude philosophique, morale et économique,* par le comte de Verges, ancien ministre plénipotentiaire, membre de l'Académie de Saint-Thomas, etc., etc.   1 vol.
— *Du même auteur:* Les Ressorts de la Volonté et le libre arbitre.   1 vol.
— Nécessité mathématique de l'existence de Dieu. *Explications. — Opinions, Démonstrations,* par René de Cléré.   1 vol.
— Saint Thomas et la Question juive, par Simon Deploige, professeur de l'Université Catholique de Louvain.   1 vol.
— Premiers principes de Sociologie Catholique, par l'abbé Audet.   1 vol.
— La Patrie. — *Aperçu philosophique et historique,* par J. M. Villefranche.   1 vol.
— Le Déluge de Noé et les races Prédiluviennes, par C. Irwan.   2 v
— La Saint-Barthélemy, par Henri Hello.   1 v.
— L'Esprit et la Chair. *Philosophie des macérations,* par Henri Lasserre, auteur de *Notre-Dame de Lourdes,* etc., etc.   1 vol.

— Le Levier d'Archimède ou la Mécanique céleste et le Céleste mécanicien, par le R. P. ORTOLAN.   2 vol

— Ce que le Christianisme a fait pour la femme, par G. d'AZAM BUJA.   1 vol.

— L'Hypnotisme et la Stigmatisation, par le Dr IMBERT-GOURBEYRE.   1 vol

— L'Education chrétienne de la Démocratie, *essai d'apologétique sociale*, par CH. CALIPPE.   1 vol.

— La Religion catholique peut-elle être une science ? par l'abbé G. FRÉMONT.   1 vol.

— *Du même auteur :* Que l'Orgueil de l'Esprit est le grand écueil de la Foi, *Théodore Jouffroy, Lamennais, Ernest Renan.*   1 vol.

— La Révélation devant la Raison, par F. VERDIER, supérieur de Grand Séminaire,   1 vol.

— Confréries musulmanes, — *Histoire, Discipline, Hiérarchie.* par le R. P. PETIT,   1 vol.

— Pratique de la Liberté de conscience dans nos Sociétés contemporaines, par l'abbé CANET   1 vol.

— Comment peut finir l'univers, d'après la science, par C. de KIRWAN.   1 vol.

— Les Théories modernes de la criminalité, par le Docteur DELASSUS   1 vol.

— Faillite du matérialisme par Pierre COUBERT, 3 vol. *se vendant séparément :*
  I. — *Historique*   1 vol.
  II. — *Discussion ; l'atome et le mouvement.*   1 vol
  III. — *Discussion ; l'éther, les gaz, l'attraction. Conclusion. — Appendice.*   1 vol.

— Le Globe terrestre, par A. DE LAPPARENT, Membre de l'Institut, professeur à l'Ecole libre des Hautes Etudes, 3 vol. *se vendant séparément.*
  I. — *La Formation de l'écorce terrestre.*   1 vol.
  II. — *La nature des mouvements de l'écorce terrestre.*   1 vol.
  III. — *La Destinée de la terre ferme et la Durée des temps.*   1 vol.

— De la Connaissance du Beau, *sa définition, application de cette définition aux beautés de la nature,* par l'abbé GABORIT, archiprêtre de la Cathédrale de Nantes,   1 vol.

— Le Diable dans l'Hypnotisme, par le docteur Ch. HÉLOT,   1 vol

— De la Prospérité comparée des nations protestantes et des nations catholiques, *au point de vue économique, moral, social,* par le R. P. FLAMÉRION, S. J.   1 vol

— L'Art et la Morale, par le P. SERTILLANGES, dominicain, docteur en théologie.   1 vol.

— La Sorcellerie, par J. BERTRAND.   1 vol.

— Qu'est ce que l'Ecriture sainte ? *Les Livres inspirés dans l'antiquité chrétienne ; Théorie de l'inspiration,* p. le P. Th. CALMES. 1 vol.

— Les Morts reviennent-ils ? par J. BERTRAND.   1 vol.

(Demander la liste **complète** *des volumes* **Science et Religion,** *parus à ce jour).*

SAINT-AMAND (CHER). — IMPRIMERIE BUSSIÈRE

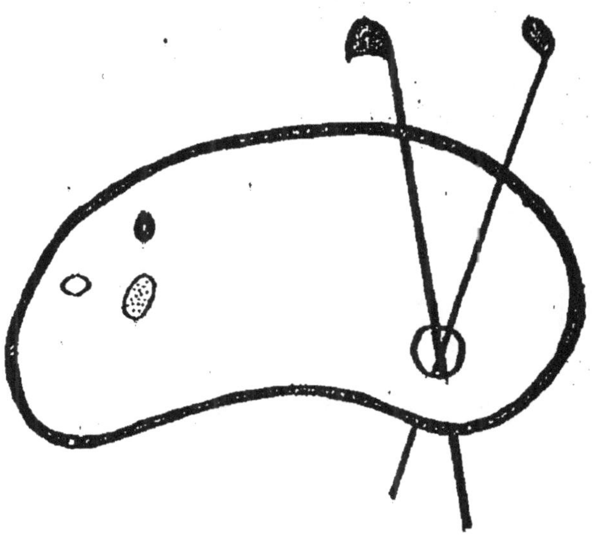

FIN D'UNE SERIE DE DOCUMENTS
EN COULEUR

LES INSTRUCTIONS SECRÈTES

DES JÉSUITES

SCIENCE ET RELIGION
Études pour le temps présent

LES
INSTRUCTIONS SECRÈTES
DES JÉSUITES

Étude critique

PAR

le P. Paul BERNARD
de la Compagnie de Jésus

PARIS
LIBRAIRIE BLOUD & Cie
4, RUE MADAME ET RUE DE RENNES, 59
1903

LES INSTRUCTIONS SECRÈTES
DES JÉSUITES

AVANT-PROPOS

> Destroy his slander and his fibs, — In vain,
> The creature's at his dirty work again,
>
> Pope.

Voilà bientôt trois siècles que les foules ali-
mentent leur imagination à la lecture des *Monita
Secreta* et l'intérêt, paraît-il, n'en est pas épuisé.
La critique elle-même se compromet dans ces bas-
fonds ; car voici qu'un historien allemand, M. le
Professeur Hochstetter gratifie son pays, non seulement d'une édition populaire, mais en outre,
d'une édition savante que l'on dit « critique et
définitive (1) ».

Que les *Monita Secreta* soient une fable inso-
lente, et rien de plus, c'est ce que reconnaîtra
sans peine tout esprit impartial qui en fera seulement lecture Mais comment s'expliquer dès
lors, et je tiens le fait pour inexplicable, comment
même imaginer que la critique contemporaine,

(1) HOCHSTETTER, *Monita Secreta, Die geheimen Instructionen der Jesuiten, lat. und deutsch ;* Stuttgard 1901.

— cu, sinon la critique, du moins quelques-uns de ses représentants, — ait pensé un instant démontrer, à grand renfort de versions et de manuscrits, l'authenticité d'un faux ?...

Quoi qu'il en soit de l'explication du phénomène, c'est l'histoire de cette immense méprise que retrace sommairement cet opuscule. Après les travaux de tout premier ordre des anciens apologistes et historiens de la Compagnie de Jésus, les Bembo, les Gretser, les Huylenbroucq, les Cordara, et surtout des nouveaux, les Van Aken, les Duhr, les Sommervogel, la tâche n'était point trop ardue ; nous ne désespérons pas de l'avoir menée à sa fin.

Il y a cinq ou six ans à peine, autour de ce mythe de Diana Vaughan, dont quelques bonnes âmes parmi nous se complaisaient à admettre l'authentique existence, les protestants d'Allemagne menaient grand bruit ; « Les voilà bien, ces catholiques et ces Français ! Y a-t-il race plus crédule ? peuple plus emballé?... »

Oui. Il y a plus crédule encore et plus opiniâtre. Car le mythe des *Monita Secreta* n'a cessé de hanter, depuis trois cents ans, les cerveaux orthodoxes de la Prusse et nous voyons, au XXᵉ siècle, des pasteurs évangéliques, des professeurs d'histoire s'acharner encore, en dépit des témoignages les plus autorisés et des faits les plus évidents, à prendre à leur compte, à propager dans les masses, à démontrer scientifiquement l'historicité de cette légende qui restera bel et bien, avec ses 300 éditions et traductions dans toutes les langues de l'Europe, la plus colossale mystification des temps modernes.

Enghien (Belgique), 1ᵉʳ décembre 1902.

CHAPITRE I

Genèse du pamphlet. — Les mystères des Jésuites.
— Zahorowski le faussaire. — Lettres anonymes.
— L'Inquisition. — Le livre condamné. — Aveux de
l'auteur.

Sous cette humble rubrique : *Monita privata
Soc. Iesu, Notobrigœ* 1612, paraissait à Cracovie, au mois d'août 1614 (1), un livre sensa-
tionnel.

C'était là, disait l'Avant-propos, le recueil des
« Instructions secrètes » que les Jésuites prati-
quaient, non pas les novices, mais les initiés, les
hauts grades, pour marcher méthodiquement à
la conquête du monde. On y voyait peinte au vif,
très en noir, — mais n'était-ce pas leur couleur ?
— la vie occulte de ces hommes, d'une apparence
aimable, mais au fond hypocrites et malfaisants,

(1) La date est définitivement établie par la publication de l'*Historicum Diarium domus professæ S. J. ad S.
Barbaram* inséré dans la collection des *Scriptores Rer.
Polon.*, t. XIV, *Cracoviæ*, 1889, p. 125. Au reste, le décret
d'André Lipski, du 20 août 1616, prononçant la condamnation du libelle, et toute une série d'indices irré-
fragables, ne laissaient guère subsister le doute sur ce
point.

Les mystères de leurs conjurations, leur soif en-
fiévrée de domination et d'or, leurs menées insi-
dieuses à la cour des rois, au conseil des évêques
ou des cardinaux, dans les salons des princesses,
l'art subtil qu'ils possédaient pour capter les
bonnes grâces des veuves avec leur héritage,
pour remplir de demoiselles nobles les couvents
et, surtout, pour attirer chez eux les jeunes gens
de famille bien doués et bien rentés ; tout cela,
sans compter le reste, se trouvait sommairement
formulé, codifié en seize petits chapitres ou avis,
qui prétendaient exposer toute l'organisation éso-
térique de l'Ordre.

Chose inexplicable à première vue, le renvoi
de la Société occupait la place prépondérante dans
ce code draconien ; trois chapitres entiers, X, XI
et XIV, traitaient des motifs, tous également fri-
voles, qui provoquaient sur le maladroit la foudre
des dimissoires. Le croirait-on ? Pour un rien,
cette terrible, mais bien imprévoyante Compagnie
mettait à la porte ses affidés.

Des révélations aussi étranges pouvaient pa-
raître, en effet, peu croyables.

Mais l'authenticité du document ne s'imposait-
elle point ? Car comment émettre un soupçon, un
doute ? *On* possédait à Padoue, affirmait l'éditeur,
un manuscrit espagnol, égaré par hasard des archives de l'Ordre et traduit aussitôt en latin. Or,
c'était cette traduction même, expédiée de Padoue
sur Vienne, puis de Vienne sur Cracovie, que l'auteur anonyme offrait au bon public.

En fallait-il davantage ?

Si quelques esprits chagrins se montraient plus
exigeants, ils pouvaient, du reste, se référer aux
seize *Témoignages* dont l'Avant-propos donnait

le texte, témoignages également anonymes, il est vrai, pour la plupart, mais néanmoins bien caractéristiques, car ils s'accordaient tous à déclarer que, nonobstant l'approbation et les bulles des papes, la Compagnie de Jésus était une damnable institution.

Voilà qui faisait pièce !

Quelque grotesque et folle que fût l'invention, en dépit des incohérences grossières, des contradictions flagrantes et des criantes méprises, l'ouvrage, dans un certain milieu, fit rumeur. Des copies manuscrites avaient d'abord circulé sous le manteau (1) ; maintenant c'était l'édition imprimée qui pénétrait partout. Enchantés, luthériens et calvinistes s'emparaient de la trouvaille, si bien que l'auteur lui-même, enhardi par le succès et couvert par un haut personnage, sans doute le duc Georges Zbaraski, proférait obscurément de nouvelles menaces (2).

Il était temps d'intervenir. Aussi l'autorité

(1) GRETSER, *Contra famosum libellum..., libri tres apologetici*, dans les *Op. omnia*, t. XI, p. 990 C. Dans ce passage il ne s'agit aucunement, comme l'avait conjecturé le P. Sommervogel, *Précis histor.*, 1890, p. 86, de lettres anonymes.

(2) Plusieurs historiens, pour établir que les *Monita* avaient joui dès le début d'une vogue particulière, ont cru pouvoir s'appuyer sur le choix de l'expression : *libellum famosum*, employée par Gretser dans le titre de son *Apologie* et, avant lui, par l'évêque Pierre Tylicki dans ses décrets de procédure. Etrange erreur. Faut-il rappeler que *famosus* garde ici le sens, non pas de fameux, mais de diffamatoire, et que l'expression *famosus libellus*, déjà employée par Tacite, *Ann.* I, 72, et par Suétone, *Aug.* 55, est le terme classique pour désigner un pamphlet, comme dans le titre 10 du *Digeste*, c. 46 : *De injuriis et libellis famosis.*

ecclésiastique se mit-elle en devoir de rechercher activement diffamateurs et colporteurs.

Mais le faussaire s'enveloppait d'ombres ; mieux que personne il pratiquait l'occultisme. Non seulement le factum sortait, sans nom d'auteur, de presses clandestines ; mais pour donner plus adroitement le change, n'avait-on pas poussé le luxe des précautions jusqu'à ce raffinement d'antidater l'opuscule de deux ans ! Toutefois, aux premiers bruits de procédure, le pamphlétaire avait pris peur ; ce fut, autour de lui, silence de mort et nuit noire.

De graves indices accusaient pourtant, dans cette œuvre malsaine, la main d'un ex-jésuite ; une connaissance assez intime de l'Institut, la variété et l'exactitude des citations, surtout cette opiniâtre insistance qu'apportait le rédacteur, sans souci de son texte et hors de propos, à justifier les membres congédiés de l'Ordre. Au tour de phrase, au choix des mots, on reconnaissait le Slave et les allusions, les traits de mœurs indiquaient assez la main d'un Polonais. Justement un certain Jérôme Zahorowski, curé de Gozdziec, avait été renvoyé de la Compagnie l'année précédente et plusieurs fois déjà convaincu de faux ; les soupçons, confirmés d'ailleurs par un ensemble accablant de témoignages, devinrent bien vite assez fondés pour que Pierre Tylicki, son évêque, le 11 juillet 1615, informât contre lui.

Quel était donc ce Jérôme Zahorowski ?

Son histoire est brumeuse et il est difficile d'avoir à crayonner, en même temps, figure plus fuyante et moins gaie. Volhynien de naissance, mais de bonne race, Zahorowski n'avait rien du caractère chevaleresque et de l'ouverture d'esprit de ses compatriotes. Dissimulé, ambitieux, vindicatif, épris de sa noblesse, il avait les défauts précisément qu'il reprochait à ses maîtres et lorsqu'il fut entré dans la Compagnie, ni la règle, ni les exemples, ni la sereine contemplation de l'idéal ne purent avoir raison de cette âme altière, ni mettre la franchise dans son cœur, avec la bonté.

Et ce n'était point son intelligence qui l'eût aisément sauvé du malheur. Quand Zahorowski accuse les Jésuites de n'attirer à eux que les jeunes gens intelligents et capables, il se flatte en toute impudeur ; car nul mieux que lui n'a démontré la fausseté de cette accusation par sa propre insuffisance.

Sans parler de son pamphlet, qui plus tard témoignera cruellement contre lui, il suffit de noter qu'aucune branche d'études ne put convenir à ce cerveau restreint. Rude fut l'épreuve, et Zahorowski, tout d'abord frémit sous le coup, silencieux.

Mais quand on l'envoya, pour lui confier un emploi à sa taille, enseigner les rudiments de la grammaire au collège de Sandomir, alors la fierté du Polonais s'effaroucha ; la blessure mal close se rouvrit, et cette âme si peu noble, rêvant de haine et de vengeance, s'abaissa, comme d'elle-même, aux pires moyens. Pour atteindre son but, il n'imagina rien de mieux que d'écrire toute une série de lettres aux grands seigneurs du royaume, lettres pseudonymes ou anonymes, fort malveillantes pour la Compagnie, tissues de faussetés, qu'il dicta en cachette, pour ne point se trahir, à ses petits élèves. Les premières sont du 23 août 1613.

La difficulté était surtout de faire parvenir ces messages clandestins à leur destination. Mais ce curieux homme n'était pas à bout de ressources.

Au P. Jean Wielewicki, recteur du collège de Lemberg, — celui-là même dont l'Académie de Cracovie vient d'éditer les *Mémoires*, — il expédia d'abord tout un paquet de ces missives, avec prière de vouloir bien les remettre à qui de droit, au grand échanson, aux chambellans de la cour, à l'évêque, à l'official, mission bénévole dont s'acquitta le bon Père avec la plus charmante candeur. Mais à peine rentré chez lui, il voit les destinataires accourir, apportant leur message et demandant tous à la fois des explications que Wielewicki, naturellement, ne put leur fournir.

D'autres séries avaient été dirigées sur d'autres points du royaume ; presque toutes furent retournées au P. Provincial, qui, renseigné sur le point de départ, accourut à Sandomir où déjà tous les petits secrétaires, outrés du rôle qu'on leur imposait, témoignaient contre l'indigne Zahorowski.

Après enquête, le régent fut congédié sur l'heure. Mais il niait éperdument et, sans retard, il en appela de cette sentence, au P. Argenti, Visiteur de Pologne.

Le P. Argenti fut bon. Sur les instances du plaignant, il consentit à constituer des arbitres, deux au choix du demandeur et deux à son propre choix. Le 6 août 1614, à Jaroslaw, par devant le notaire public du consistoire de Przemysl, le jugement fut rendu ; il confirmait la première sentence et déboutait Zahorowski de sa demande. Celui-ci se hâta dès lors de réclamer l'argent qu'il avait apporté au noviciat ; on ne tarda guère à le lui remettre (1), lorsque déjà avaient paru contre la Compagnie ses *Monita privata*.

Mais cette fois, et de ce chef, une enquête autrement redoutable se poursuivait. L'Inquisition se mettait en mouvement, non pas certes contre les Jésuites, mais contre le calomniateur, et Zahorowski, estimant sans doute que la cause dont il s'était fait le champion ne valait point sa tête, se comportait, devant les commissaires spéciaux (2) du nonce et devant ses juges, très prudemment. Enfermé, comme Twardowsky, le Faust polonais, dans le cercle magique de ses négations, il était insaisissable et jura tout ce qu'on voulut. Contre la Compagnie, il n'avait aucun grief : il l'honorait fort. Impossible de tirer de lui d'autres aveux.

Sur ces entrefaites, la mort de l'évêque Pierre Tylicki retarda la sentence ; rendue peu après, le 20 août 1616, par l'administrateur de l'évêché de Cracovie, André Lipski, et affichée aux portes de toutes les églises de la cité, elle condamnait et proscrivait le libelle « comme portant un titre fictif, injurieux, rempli de calomnies, d'outrages, de sarcasmes, nuisible et pernicieux à quiconque voudrait le lire (3) ».

Ce n'était pas assez. Désireux d'obtenir une prohition générale et solennelle, le nouvel évêque de Cracovie, Martin Syskowski, se fondant sur le jugement déjà rendu par le tribunal de l'Inquisition, demanda au Saint-Siège, par requête officielle, une condamnation pontificale. Mais déjà la

(1) Sommervogel, *ib.*, p. 87.
(2) Gretser, *op. cit.*, p. 1015 sq.
(3) Le document se trouve dans l'*Apologie* de Gretser, p. 1014 sq.

condamnation était portée. Dans sa séance du 10 mai 1616, la Congrégation de l'Index avait solennellement prohibé les *Monita*, comme étant « un recueil de calomnies et de diffamations. » Publication officielle du décret fut faite par le secrétaire de la Congrégation, le 28 décembre 1616, — jour où l'Eglise honore les Saints Innocents.

Quant au pamphlétaire, il continua de mener une existence vulgaire et monotone, aimant surtout, paraît-il, à faire mousser la bière blonde dans les tavernes (1). Il ne semble pas, en l'absence de preuves absolument décisives, qu'on ait cherché à lui faire expier sa faute. Mais depuis les savantes recherches de l'Académie de Cracovie qui ont amené la publication des Mémoires du P. Jean Wielewicki, « l'histoire la plus achevée et la plus étendue que possède la Pologne, pour les règnes d'Etienne et de Sigismond III (2) », il n'est plus possible de révoquer en doute la culpabilité de Zahorowski, l'historien ayant eu bien soin de spécifier que la certitude était acquise, *certo cons- titit* (3).

Par pitié pour le malheureux, par égard aussi envers sa famille, les Jésuites, tant que vécut le diffamateur, ne livrèrent point son nom à la honte. Argenti, Bembo, Tanner, Cordara le connaissaient incontestablement ; mais il leur « répugne » d'en parler (4). Gretser, si bouillant qu'il paraisse dans l'allure de sa phrase, se contente de montrer nettement qu'il est au fait,

(1) GRETSER, *ib.*, p. 992 B.
(2) *Scriptores Rer. Polon.*, t. XIV, p. 110.
(3) *Ib.*, p. 115.
(4) CORDARA, *Historia Soc. Jesu*, t. I, p. 29.

et qu'il pourrait parler,. — « Le renard se dissimule... Il croit qu'on l'ignore ? Pas tant que cela ! » Et, d'une double allusion, dénonçant le mystère dont s'enveloppait le lâche et les secours d'argent qu'il retirait d'un certain duc, il le peint tout entier par ce verset du Psalmiste : *Sedet in insidiis cum divitibus, in occultis ut interficiat innocentem.* — Il se tient en embuscade avec les riches dans l'ombre pour tuer l'innocent... (1). Ailleurs il évoque ses beuveries et va jusqu'à lui citer le nom de sa bière favorite (2).

Huylenbroucq est le premier, je crois, que les nécessités de la polémique aient amené à dévoiler le nom du coupable, dans les premières années du xviiie siècle (3).

Au reste, cette indulgente charité ne resta point sans récompense. Zahorowski, plusieurs années avant sa mort, revint de ses égarements et demanda pardon pour le passé. Il ne savait pas, sans doute, l'infortuné ! tout le mal que, dans la suite des temps, ferait son œuvre.

(1) GRETSER, *op. cit.*, p. 949, C.
(2) *Ib.*, p. 992, B.
(3) HUYLENBROUCQ, *Vindicationes alteræ*, Gandavi 1713 p. 115.

CHAPITRE II

Histoire des *Monita*. — Editions du xviiie siècle. — Leur
vogue en pays protestant. — Type janséniste. —
L'édition *rouge-sang*. Le F.˙. des Pilliers et l'édition
« soignée ». — « Nous avançons ! » — « Iln'y a que les
jésuites... » — M. le Professeur Hochstetter. — Edition
critique et définitive.

La puissance d'illusion des hommes est infinie.
A qui eût-on fait croire, après la condamnation
solennelle des *Monita* par les tribunaux réguliers,
après les aveux du faussaire, que la crédulité
publique pût encore se repaître de diatribes ainsi
jugées et, par ailleurs, si mal en point ?

Ce fut pourtant ce qui arriva. Le factum fit son
chemin par le monde, d'abord en grand secret,
puis hardiment, à front découvert, et jamais
dans la suite des âges fable plus fantasmagorique
et plus décousue de Croquemitaine ou de Barbe-
Bleue ne rencontra pareils triomphes.

Les peuples sont de grands enfants ; soyons
donc indulgents à la naïveté populaire.

Mais que ces grossières fictions, ces monstru-
euses supercheries aient pu prendre consistance
dans des esprits éclairés, que la critique allemande
contemporaine leur ait fait un instant l'honneur,

dans les Universités protestantes, de les discuter, comme vrais et solides documents, s'infligeant à elle-même l'inoubliable ridicule de prendre un faux de cette nature pour un authentique, c'est là une de ces surprenantes aventures dont l'histoire, certes, n'est pas coutumière et qui constituerait bien la plus insoluble des énigmes, si depuis longtemps et par d'illustres exemples, l'expérience ne nous enseignait à quel point l'esprit public est mal armé contre l'erreur et ce que peut faire de cerveaux humains la tyrannie du préjugé, lorsque ce préjugé tient de race et d'éducation et qu'il a définitivement teinté l'intelligence de ses propres couleurs, jusqu'à lui montrer blanc ce qui est noir, et noir ce qui est blanc.

Un pareil état d'esprit ne se corrige que rarement, et peut-être jamais tout à fait. Voilà pourquoi nombre de protestants ont pu accepter de confiance la fable des *Monita*, et n'est-ce pas ainsi que la psychologie doit expliquer l'histoire ?

Zahorowski avait à peine lancé son édition des *Monita privata*, en Pologne, que trois éditions nouvelles paraissaient successivement d'abord en Bohême, sans date ferme, mais probablement en 1614, puis à Paris en 1615, à Cracovie en 1616. Toutes sortaient de presses clandestines et, clandestinement, se propageaient.

Voici du reste la liste, intéressante à bien des égards, des éditions du xviie siècle, telle qu'elle a été dressée par le P. Van Aken, dans les *Précis historiques*, n° 10, page 432 et suivantes. Les titres seuls mériteraient une étude ; nous en donnons tout au moins la nomenclature en les traduisant :

2

1614   *Avis privés de la Compagnie de Jésus*, Notobirg, 1612. C'est l'édition princeps.

—   *Les Avis d'Or de la très religieuse Comp. de Jésus, à l'usage des Politiques et de tous ceux qui aiment Jésus*. Edité par Théophile Eulalius, catholique Bohémien, Plaisance, chez Eusèbe Agathandre de Vérone.

1615   *Avis privés de la Comp. de Jésus.* — Edition clandestine de Paris (1).

1616   Même titre, Edition clandestine de Cracovie.

1627   *L'Histoire jésuitique...*, de Louis Lucius, Bâle, 1627, contient les Monita.

1633   *Mystères ou Secrets des Pères de la Comp. de Jésus. Dialogue entre un novice et un profès.* Traduction allemande.

1635   *Arcanes de la Comp. de Jésus, publiés en vue du bien public, avec des Appendices très utiles.* I. *Instruction secrète pour les supérieurs de la Société.* Genève, 1635.

1643   *L'Anatomie de la Comp. de Jésus... avec les Arcanes de l'Empire Jésuitique et l'instruction secrétissime pour les supérieurs de la même Compagnie.* — Rééditée en 1668.

1654   *Constitutions ou Avis secrets de la Comp. de Jésus publiés* par Michel Ruckert. Groningue, chez la veuve de Jean Nicolas, *imprimeur ordinaire de l'illustre cité* de Groningue, 1654.

       N. B. — C'est la première édition portant le titre de *Monita SECRETA*.

1655   La *Monarchie des Solipses* de Lucius Cornelius donne également le texte des *Monita*.

1661   *L'Apologie du grand Valérien, revue et augmentée de quelques Lettres contre les Impostures des Jésuites, comprenant, pour la plus grande gloire de Dieu, les Avis privés de la Comp. de Jésus les plus récents.*

1662   *L'Homme politique de ce siècle, en l'an 1662.* — Avec les *Monita privata*.

1663   *Politique des Jésuites ou Avertissements secrets de la Comp. de Jésus*, dans les *Avis de la Jé-*

---

(1) Cf. Prat, *Recherches sur la Comp. de Jésus en France...* t. III p. 600.

> *suitière mis au jour, d'abord écrits en italien*
> *par un ecclésiastique, puis édités en latin,*
> *mais dorénavant communiqués à la chrétienté*
> *tout entière dans le meilleur allemand qui*
> *soit. Imprimerie de l'Helikon, 1663.*

1666   *Privileges des Jésuites, Discipline, Doctrine...*
       avec les Monita privata de la même Société,
       1666.

1669   *Avis privés de la Comp. de Jésus,* Helmstadt,
       1669.

—   *Les Secrets des Jésuites, traduits de l'italien.* Co-
       logne, Pierre du Marteau.

—   *Les Intrigues des Jésuites, avec les Instructions*
       privées de la Compagnie à ses émissaires.
       Londres, 1669 (Edition anglaise).

1676   *Secrètes Instructions des Pères de la Société,* à
       Menin, chez Christoffel Waermont, 1676
       (Edit. flamande).

1677   *Les Secrets des Jésuites,* 1677 (Edit. allemande).

1678   *Le Cabinet Jésuitique...,* A Cologne, chez Jean
       Le Blanc (Réédité en 1682).

Voilà donc, au cours du xvii° siècle, vingt-deux éditions du pamphlet ; il y en a pour la Pologne, la Bohême, la France, l'Allemagne, l'Italie, l'Angleterre, les Pays-Bas. Mais, si l'on excepte l'édition de Bâle en 1627 et celle de Groningue en 1654, toutes sont clandestines.

Il est à remarquer aussi que, à part des variantes de style, les éditions, qui se succèdent jusqu'en 1676, reproduisent à peu près intégralement l'œuvre de Zahorowski.

Mais une fois aux mains des jansénistes, les Instructions secrètes vont désormais se développant bon train, et au cours des âges se métamorphosant. D'éditeur en éditeur, on arrive à bouleverser l'ordre des paragraphes ; on ajoute même un chapitre inédit : *Des moyens de promouvoir la Société ;* le reste, on l'amplifie abondamment ;

la conclusion devient la Préface, sous une forme différente ; bref, on tient à composer un volume qui ait meilleur air et bientôt l'on arrive à fournir une composition d'un genre nouveau, désignée très justement sous le nom de *Type janséniste* (1). Presque toutes les éditions du XVIIIᵉ siècle ont reproduit ce même type d'origine flamande et c'est de là que sort, par voie d'évolution, le type moderne des éditions contemporaines.

Le modèle de presque toutes les productions françaises et belges parues au XIXᵉ siècle sous le titre de *Monita* paraît être l'édition de 1751 : *Secreta Monita ou Advis secrets de la Société de Jésus.* A Paderborne (*sic*) MDCLXI.

De toutes ces publications modernes, il serait fastidieux de relever les titres et difficile d'évaluer le nombre. Depuis l'in-folio jusqu'à l'in-32. On en trouve pour toutes les nations, comme pour tous les goûts. Mais les pays de race latine détiennent actuellement la part prépondérante. C'est à tort que l'on a cru pouvoir affirmer qu'il n'existait pas d'édition espagnole : on en compte plusieurs et la seule année 1845 en a produit deux pour sa part, rien qu'à Madrid, *Monita Secreta de los Jesuitas,* Madrid, 1845, et *Los Jesuitas juzgados por si mismos*, Madrid, 1845.

Cette multiple diffusion il faut l'attribuer à l'action occulte et systématique des Loges. — Aussi est-ce parmi le peuple surtout que l'on sème la calomnie, et les titres s'en ressentent. L'édition de 1760, par exemple, porte au frontispice, en

____

(1) VAN AKEN. *La fable des Monita Secreta*, dans les *Précis histor*, 1881, p. 344 sq.

caractères saillants : LES LOUPS DÉMASQUÉS *par
la réfutation et traduction du livre intitulé :
Monita Secreta Soc. Jesu*, Ortignano, 1760.
L'Avant-propos compte 137 pages et l'auteur
déclare qu'il a écrit tout exprès « dans un style
bas et rampant afin d'éclairer le menu peuple, *per
illuminare il minuto popolo* (1) ».

D'autres écrivaient de même « dans un style
bas et rampant », mais sans y mettre malice.
Tel l'éditeur des *Instructions secrettes que les
Jésuites donnent à leurs profès du quatrième
vœux* (sic), 1718.

De ce genre, les éditions qui eurent le plus no-
table succès sont celles d'Arnold Scheffer, Paris
1821, — sept éditions en quelques mois — et
l'édition clandestine de Paris, 1826 : *Instructions secrètes des Jésuites, suivies des Jésuites
condamnés par leurs maximes et par leurs
actions avec une lithogr. représentant la
chambre de méditation*, In-32, sept éditions
consécutives en 1826 (2).

Ch. Sauvestre, cinquante ans plus tard, dépassa
de beaucoup ces succès. En 1877, il atteignit la
onzième édition, enlevée aussitôt. C'est alors que
pour frapper les imaginations et préparer la
campagne qui aboutit aux décrets de 1880, il
lança la fameuse édition *rouge-sang* de 1878.
Succès inouï. Dans l'espace de dix-huit mois,
suivant les données de Reusch (3), la maison

(1) Sir Ch. DALLAS, *Lettre de Clericus à Laïcus*,
Bruxelles, 1816, lettre II.
(2) CARAYON, *Bibliogr. Hist. de la Comp. de Jésus*,
n° 3839.
(3) *Index der verbotenen Bücher*, t. II, p. 281.

Dentu enregistrait un débit de 22.000 exemplaires et publiait dès 1880 la dix-neuvième édition.

Depuis, le monomane Pierre des Pilliers a essayé de poursuivre l'opulente campagne menée par Sauvestre : j'ignore s'il a réussi. Mais ce n'est point l'envie de récolter des louis d'or aux dépens des Jésuites, qui lui aura fait défaut. Témoin cet extrait, qui mérite mention, d'une *planche* (1) envoyée par lui aux Vénérables et aux Très Chers Frères de tous les Ateliers de la République.

« Mon V.·. et mes T.·. C.·. FF.·. de votre R.·. At.·.

« J'ai voulu faire œuvre à la fois patriotique et « républicaine, ou décléricalisatrice et partant « maçonn..., en rééditant les si curieux MONITA « SECRETA des Jésuites. Ce sont, vous le savez, « leurs INSTRUCTIONS SECRÈTES rédigées *en latin* « par les généraux de l'Ordre, mais *restées ex-* « *pressément manuscrites*, à l'usage unique et « mystérieux des supérieurs, sous les peines les « plus graves au cas contraire.

« Depuis plus de deux siècles déjà, les Jésuites « ont fait disparaître habilement par le confes- « sionnal et par d'autres moyens astucieux, les di- « verses éditions parues en France (I), et le Code « infernal qui restera la honte à jamais des fils « de Loyola, n'était plus trouvable en librairie (I), « où je l'ai vainement demandé durant quinze « ans (I) à trois cents libraires (I I), sinon davan- « tage encore (I I I).

« Il m'est enfin tombé sous la main, de ren-

____

(1) Cf. *Études*, mai 1894, p. 106.

« contre (?), et je viens d'en faire une traduction
« nouvelle avec mes *Commentaires*...

« Vive la République ! A bas le jésuitisme et
son produit le cléricalisme !

Pierre DES PILLIERS.

Pierre des Pilliers se moque à part lui et il en
conte irrévérencieusement à ses FF.·. Maçons. Il
n'importe : le *Bulletin maçonnique* de novembre
1893 déclara intrépidement que c'était là « une
édition soignée ».

Mais la docte Allemagne ne fut point, paraît-
il, de cet avis, et c'est elle-même — à tout
seigceur, tout honneur — qui se chargea de
donner au monde, à l'aurore du xx° siècle, l'édition soignée, l'édition critique et définitive. Tâche
ingrate, s'il en fut, il ne fallait rien moins que le
patient labeur et la sagacité hors pair de M. le
Professeur Jules Hochstetter, de Stuttgard, pour
la mener à bonne fin par la découverte de l'original.

Déjà, il est vrai, certains travaux sérieux
avaient frayé la voie, mais il paraît que tout était
à reprendre par la base.

En 1869, l'*Allgemeine Zeitung*, dans le *Supplément* consacré aux questions d'ordre scientifique, n° 325, élaborait déjà une érudite dissertation pour établir l'authenticité des *Instructions*
que l'on faisait remonter à l'an 1602 et qui au-
raient porté dès le début le titre de *Monita Secreta*... Mais ceci heurtait rudement les données
acquises de l'histoire et les recherches subsé-
quentes avaient bien vite démontré que nulle part
ce titre n'a été employé avant l'année 1654.

Plus tard, en 1882, l'historien Philippson était revenu sur cette thèse pour la corroborer et la préciser (1). Mais toute son argumentation s'appuyait uniquement sur l'existence de « deux exemplaires manuscrits » de ces *Instructions* à la Bibliothèque de l'Académie de Munich. Fragile appui ; car le plus ancien de ces documents datait, selon toute vraisemblance, de la fin du XVII siècle, et l'autre portait le chiffre de 1738. Il ne fallait donc pas songer à voir en aucun d'eux l'original.

« L'original ? Mais nous l'avons ! annonçait à son tour le célèbre archiviste belge L. P. Gachard. Il est déposé aux Archives générales du Royaume, à Bruxelles, cote 730ᵃ. Il provient des fardes du collège de Ruremonde. » Témoignage qui n'était pas sans poids assurément... Mais bientôt, le savant P. Van Aken découvre que le manuscrit appartient au type janséniste, par là même à une époque relativement récente, et MM. Pinchard et Piot préposés aux Archives déclarèrent à leur tour que la provenance du manuscrit restait plus que douteuse et que rien ne justifiait à leurs yeux ce nom de manuscrit de Ruremonde (2).

La question se posait donc à nouveau ? — « Pas le moins du monde. Elle est maintenant résolue, affirmait alors Youri Samarine. L'original est à Prague et voici que j'en publie le texte avec la traduction. » Le texte parut en effet, avec la traduction russe, dans les œuvres de l'historien philosophe, en 1886 (3)... Mais, ici encore, tout le monde s'accordait à penser, contre Sama-

(1) *Westeuropa im Zeitalter von Philipp II*. Berlin, 1882, p. 63.
(2) Cf. *Précis Hist.* 1881, p. 355 sq.
(3) *Revue des quest. Hist.* 1887, t. XLII, p. 587.

rine, que le manuscrit de Prague était récent et son histoire obscure.

Puis, en 1886, le pasteur Graeber, de Meide-rich, avait tenté un dernier effort et publié une édition nouvelle des *Monita*, fruit de sa longue enquête... Mais la critique de Graeber, affirmait-on encore, n'était pas objective et son processus, on allait jusqu'à le qualifier de psychique. Sa sensibilité, par exemple, ne lui fournissait-elle pas trop aisément des preuves et l'impression n'était-elle point substituée parfois au docu-ment ? C'est ainsi qu'il tranchait la grave question de l'authenticité, la seule essentielle, par cet aphorisme un peu déconcertant : « Il y a là de si scandaleux, astucieux et hypocrites rè-glements que l'on a peine à croire qu'il ait pu se trouver un imposteur assez habile pour inventer de pareilles machinations (1). » En d'autres termes : ce livre est le comble de toutes les abo-minations ; *par conséquent il n'y a que les Jé-suites* pour l'avoir excogité. Voilà en effet une façon d'argumenter qui est bien, comme disait le Professeur Hochstetter, « un peu sentimentale ».

En résumé, la toile de Pénélope était à recom-mencer, du tout au tout. « Nous avançons, écri-vait quand même après tous ces efforts le docteur Krebs, dans sa *Publicistik*. On n'est pas encore absolument sûr de l'authenticité. Plus avant. »

Là-dessus, M. Hochstetter reprit la navette ; s'appliquant de tout cœur à la tâche et il eut la chance, nous dit-il, de voir ses travaux et son endurance couronnés par le succès. L'édition sa-

(1) GRÆBER, *Die geheimen Vorschriften*. Barmen, s. a. Vorwort.

vante parut en 1901 (1), bientôt suivie d'une édition populaire.

« Le texte que nous publions, était-il dit dans
la Préface, est celui qui a été collationné sur le
manuscrit du P. Brothier, le dernier bibliothécaire des Jésuites de Paris. Il est conforme au
manuscrit authentique (!) des archives belges
du Palais de justice, à Bruxelles. Ce manuscrit
porte au catalogue la cote 730 ; il provient
d'un collège (*lequel*) ? du Limbourg hollandais... Nous avons comparé les éditions que nous
avions en main, fait plusieurs corrections de
texte et, naturellement, redressé quelques fautes
d'impression. Nous avons donné un soin parti-
culier à l'orthographe et à la ponctuation (2). »

On n'est pas plus objectif.

M. le Professeur Hochstetter a donc fait le tour
des Archives et des bibliothèques, compulsé
éditions et manuscrits, établi les variantes, opéré
de savantes retouches et, finalement, contrôlé les
virgules. Rien ne manque donc, en apparence, à
l'édition « critique et définitive », rien — sinon,
toutefois, ce qui est la condition absolue et essentielle de tous les travaux de ponctuation ultérieurs,
ce qui importe par dessus tout, ce qui est tout, la
preuve de l'authenticité.

Les *Monita Secreta* ont-ils été rédigés par les
jésuites, oui ou non ?

Toute la question est là.

Si ce document est un faux, comme il est no-
toire, — et nous en fournissons la démonstration
évidente pour tout esprit impartial, — que nous

. (1) *Monita secreta, Die geh. Instructionen der Jesuiten,
lat. und deutsch,* 1901.

importe le reste ? La présence ou l'absence d'une virgule de plus ou de moins dans le manuscrit du P. Brothier ou dans l'édition de M. Hochstetter ne modifiera en rien l'état de la question et ne fera point que ce faux soit un document authentique.

Or, sur ce point capital, M. le Professeur Hochstetter se dérobe et sa documentation se réduit à néant. Il affirme bien, sans doute, l'authencité du manuscrit de Bruxelles. Il l'affirme, mais il la suppose, quand c'est cela même qu'il s'agit de démontrer. M. Hochstetter penserait-il que son affirmation vaut une démonstration ? Mais alors ce n'est plus de la critique, ce n'est plus de la science, ce n'est plus de l'histoire.

Toutefois, en examinant de près la manière dont le critique avance ses assertions, on peut en induire cet implicite raisonnement : « Puisque l'on possède un manuscrit du P. Brothier et un autre manuscrit d'un collège de Jésuites, la question d'authenticité ne se pose plus. N'est-il pas avéré que les Jésuites sont les auteurs des *Monita ?* »

En fait, c'est là le seul argument que l'on apporte et ressasse depuis deux siècles pour donner à l'authenticité du pamphlet un air de vraisemblance. Nous allons voir, dans un prochain chapitre, ce qu'il vaut.

Mais combien plus simple et plus expéditif, ce bon F.·. des Pilliers, qui ne s'embarrasse pas en si mauvais chemin et qui nous donne par avance la solution : « Ces *Monita Secreta* sont-ils réellement émanés — demande-t-il — des chefs ou généraux de la Société de Jésus ? Qui peut le dire avec certitude ?... *D'ailleurs, cela serait-il nécessaire* en réalité pour donner à ce code infernal,

sans pareil au monde, une importance incompa-
rable (1) ? »

Voilà, du moins, qui est parler franc. — « Vrai
ou faux, qu'importe, après tout ? N'est-ce pas
toujours une arme de premier choix contre les
Jésuites ? Mon V.'. et mes TT.'. CC.'. FF.'., elle
est bonne ; c'est notre épée de chevalier : Servons-
nous-en... à deux mains ! »

(1) *Monita Secreta*. Paris, 1893. Préface.

CHAPITRE III

Les Archives des Jésuites. — *Tu es ille vir !* — Le manuscrit du P. Borthier. — Les caractères d'une main de jésuite ? — L'original. — L'armoire secrète de Munich. — Les affirmations de M. Hochstetter. — La farde de Ruremonde. — Kaspar Schopp. — La légende de Christian l'Enragé. — Trouvé.., ? Ou envoyé ?

Voici une étrange procédure. On trouve, un beau matin, un brave bourgeois égorgé dans son lit. La justice informe, recueille les pièces à conviction, interroge, et l'enquête suit son cours, sans que le coupable ait été arrêté. Survient chez le juge d'instruction un curieux, qui aperçoit, sous une liasse de dossiers, dans un coin obscur du cabinet, le poignard, instrument du crime. — « A l'assassin ! » crie notre homme. — « Le meurtrier ? Le voilà ! C'est lui ! » Et l'opinion publique, surexcitée par la presse, demande à grands cris la mise en accusation du juge.

Ce petit apologue, appliqué au cas qui nous occupe, cesse d'être fiction ; c'est l'expression fidèle de la vérité. On a trouvé dans une bibliothèque de la Compagnie de Jésus un exemplaire manuscrit des Instructions Secrètes ; *donc* ce sont les Instructions *de* la Compagnie de Jésus. *Tu es ille vir !*

Et quand bien même on en aurait trouvé dix exemplaires, cinquante exemplaires, qu'est-ce que cela prouve ? On écrit contre vous une lettre anonyme ; on vous l'envoie et vous la gardez. En êtes-vous, pour cela, l'auteur ?

Il est exact que dans la bibliothèque du collège Louis-le-Grand à Paris, il existait jadis un exemplaire manuscrit des *Monita Secreta.* Admettons même que le manuscrit de Bruxelles ait appartenu réellement au collège de Ruremonde et celui de Munich aux Jésuites de cette ville, — ce qui est encore pure hypothèse. Ajoutons à cette liste incertaine les exemplaires — détail encore peu connu — trouvés à Saint-Sébastien en 1767, à Vitoria en 1773.

Et après ?

De l'existence de ces cinq documents, que conclure ? Que ces documents ne devaient pas se trouver là et qu'ils accusent leur possesseur ? Mais n'a-t-on pas le droit de se défendre ? N'a-t-on pas le devoir de prendre connaissance des attaques dirigées contre soi ou les siens ? Un manuscrit, pour tout archiviste, n'est-il pas une bonne aubaine qu'il gardera jalousement ? N'a-t-il pas sa valeur particulière, son intérêt qui croît avec le temps ? Certes, ce n'est pas le P. Brothier, bibliothécaire de Louis-le-Grand, qui eût laissé jamais une seule page d'un codex s'égarer hors de son rayon !

Et, de ce chef, que conclure, encore une fois ?

Qu'elles étaient fort bien tenues, ces bibliothèques et ces archives, et rien de plus.

D'ailleurs, le seul fait de déposer ces auto-
graphes à la bibliothèque de la maison, et, ainsi,
sous les yeux de tous, prouve clair comme le
jour qu'on les considérait comme un document,
je ne dis pas historique, mais d'histoire, et non
pas, suivant les fantaisies des adversaires, comme
une pièce mystérieuse dont les seuls supérieurs
devaient avoir la connaissance et la garde.

Ces libelles manuscrits pullulaient en leur temps,
dès avant l'édition de 1614, comme en témoigne
le décret de Pierre Tylicki en 1615. Est-il éton-
nant que les Bembo, les Gretser, les Tanner, et
tous ceux qui ont eu à défendre par la parole ou par
la plume la Compagnie de Jésus attaquée, se soient
procuré dès le début ces documents, que l'on
n'aura point détruits, et avec raison. Et ne voyons-
nous pas que le Provincial de Pologne, en 1613,
recevait de personnes amies ou simplement
honnêtes toutes les lettres anonymes que leur
adressait Zahorowski contre l'Institut ? Pourquoi
ne lui auraient-elles pas envoyé de même le
pamphlet anonyme ?

On ne peut donc rien arguer de ce fait, qui soit
une condamnation de l'Ordre. Et les adversaires
eux-mêmes, ceux du moins qui ne ferment pas
les yeux à l'évidence des raisons, l'ont maintes fois
reconnu. « L'existence de ces manuscrits ne
prouve pas, cela va de soi, que les *Monita* soient
sortis de la main des Jésuites et qu'elles leur aient
servi de direction régulière. Les Jésuites ont pu
les acquérir, parce qu'ils avaient besoin d'un
exemplaire manuscrit ou imprimé, pour se défendre. » Ainsi s'exprime Huber lui-même, dans
son ouvrage : *L'Ordre des Jésuites*, page 106, et,
il serait aisé de multiplier les témoignages. Mais

en est-il besoin ? Faut-il un si rare effort de bon sens pour arriver à une conclusion aussi naturelle ?

Toutefois, puisque M. Hochstetter et avec lui certains historiens continuent à s'appuyer sur ce fait, pour prouver l'authenticité des *Monita*, je veux bien les suivre encore un instant sur cette voie et discuter jusqu'au bout l'argument. Au reste, il n'y a que cet argument à discuter, puisqu'il constitue à lui seul l'unique base de toute l'argumentation historique des adversaires, la seule raison invoquée — et il est difficile en effet d'en imaginer une autre ; mais aussi on la certifie péremptoire.

Voici, par exemple, comme elle vient d'être formulée tout récemment dans un important ouvrage en cours de publication, la *Grande Encyclo-pédie*, sous la direction de M. Berthelot, membre de l'Académie des Sciences et de l'Académie française. L'article est signé de M. II. Vollet, docteur en droit ; il se trouve au tome XXIV, page 46, sous la rubrique *Monita Secreta* :

« En 1612 (*sic*), un livre intitulé *Monita pri-vata Soc. Jesu* fut imprimé à Cracovie. Les instructions qui se trouvaient ainsi publiées *n'ont été rédigées que pour être communiquées sous le sceau du plus profond secret, à quelques membres de la Compagnie dévoués et sûrs.* Elles concernent la conduite à suivre dans les affaires les plus importantes, et elles formulent avec une audace ingénue, expliquée par leur caractère confidentiel, l'enseignement des vues ambitieuses, des menées tortueuses et des manœuvres perverses que les adversaires des Jésuites attribuent à 'Ordre. En 1615, Pierre Tilcki (*sic*), évêque de

Cracovie, dirigea contre Jérôme Zahorowski (*sic*). curé de Gozdziec, auteur présumé de cette publication, une procédure qui ne paraît point avoir produit de résultat (?) »

M. Vollet ignorerait-il le décret d'André Lipski, du 20 août 1616, qui est précisément le « résultat » de la procédure ?...

Passant alors à l'édition de 1761, il ajoute :

« L'éditeur prétendait que le duc Christian de Brunswick avait trouvé ces instructions dans la bibliothèque des Jésuites à Paderborn. On disait aussi que des copies (?) avaient été découvertes chez les jésuites d'Anvers, puis à Padoue, à Prague et enfin sur un vaisseau allant aux Indes Orientales. *Quoi qu'il en soit*, la collection des manuscrits de la bibliothèque de Munich possède deux exemplaires des *Monita privata*. L'un provient du couvent des cisterciens d'Anspach (*sic*) il a été copié *par la main d'un jésuite*, vers la fin du xvii° siècle ou au commencement du xviii°. L'autre a été découvert récemment *dans une armoire secrète* de l'église Saint-Michel à Munich, appartenant aux Jésuites ; il date de l'année 1738, mais il ne présente pas *les caractères d'une main de jésuite* (!!!)... Naturellement, les jésuites soutiennent que c'est un faux audacieux. *Néanmoins Gretzer* (*sic*) *concède* que l'auteur a peut-être appartenu à la Société. »

Voilà donc la thèse *in-extenso*. Elle est étalée sans aucune référence, sans documentation, sans bibliographie, sans discussion. Comment s'étonner dès lors des inexactitudes de titre et de noms propres, des erreurs de dates et de faits dont l'article est étoilé ? Pour peu que l'auteur, avant d'aller plus loin, veuille bien se reporter au titre complet de la *Grande Encyclopédie* et réfléchir à la mention que cette première page porte en vedette : *Inventaire raisonné des sciences*, peut-être se demandera-t-il, comme je me le demande, lequel de ces trois mots se vérifie dans son article ? Et si une ombre d'hésitation se manifeste, alors nous serons bien près de tomber d'accord.

Mais revenons au point saillant. Qu'y a-t-il donc de péremptoire dans cet « argument des manuscrits », d'où le Professeur Hochstetter fait sortir magiquement sa thèse ?

J'avoue que l'on pourrait à la rigueur, et puisqu'on ne trouve rien d'autre, faire fond sur un pareil chef de preuves, mais à une condition pourtant, que nul ne peut prendre le droit d'éluder, c'est d'établir au préalable :

1. Que l'autographe trouvé dans une maison de l'Ordre, est antérieur aux éditions et copies clandestines de 1612.

2. Qu'il a été transcrit de la main d'un Jésuite.

3. Qu'on l'a découvert dans les archives intimes des Supérieurs, à l'état de document secret.

Alors, et pas avant, on pourra induire de ce phénomène en apparence singulier, non pas encore une preuve, mais, une probabilité si l'on veut, une présomption que le document est authentique, qu'il était d'ordre pratique et constituait un moyen de gouvernement ; présomption qu'il faudra éprouver ensuite à la pierre de touche des faits et qui deviendra preuve s'il conte péremptoirement que ces prescriptions occultes émanent officiellement d'un général de la Compagnie ou du moins que les Jésuites ont réalisé quelque chose de ces horreurs.

Qu'en est-il ?

Pas n'est besoin de remarquer d'abord que les manuscrits en question ont été saisis dans les bibliothèques ou dans les archives publiques des maisons signalées. Si donc, comme le F∴ des Pilliers et M. Vollet se plaisent à le prétendre, la Compagnie de Jésus est coupée en deux clans, celui des initiés — rarissimes ! — et celui des profanes, celui des coquins et celui des gens honnêtes, n'est-on pas dès lors en droit de présumer que le groupe des agrégés coquins n'ira point, au risque évident de se trahir, étaler son code abominable sous la prunelle limpide des honnêtes profanes ? Et c'est bien ainsi que s'explique d'elle-même l'injonction sacrée par laquelle s'ouvrent ou se terminent — suivant les éditions — tous les exemplaires des *Monita :* « Chefs de l'Ordre, gardez pour vous, et chez vous, dans le plus grand secret, ces secrètes instructions ! »

Or, au moment de la suppression de l'Ordre, de rigoureuses et soudaines perquisitions ont été menées avec l'art le plus raffiné et le plus malveillant, par des estafiers sans scrupules, dans tous les couvents d'Espagne, de Portugal, d'Italie, de France, des Pays-Bas, d'Allemagne : où est le document saisi ? Que l'on cite le moindre papier, la note la plus hiéroglyphique, où l'on ait pu soupçonner même une allusion compromettante : « J'ai vu de mes yeux, aux Archives générales du Royaume à Bruxelles, — écrit le savant P. Van Aken — des pièces confidentielles et intimes, saisies dans les cellules des Pères, tant supérieurs qu'inférieurs. La nature de ces documents, la manière dont ils étaient rangés il y a une dizaine d'années, faisait comprendre au premier coup d'œil, ce qui d'ailleurs est attesté par des relations authentiques, que les jésuites ont été surpris par la police comme le furent autrefois les habitants de Pompéi et d'Herculanum par la lave du volcan. Rien ne pouvait résister à une attaque aussi soudaine qu'imprévue. On cherchait des crimes aux jésuites ; il fallait à tout prix les trouver coupables. Eh bien ! Qu'a-t-on rencontré de semblable aux *Monita Secreta* ? (1) ».

Mais, objectera-t-on, n'oubliez-vous point le manuscrit de Munich, celui qu'on a découvert dans l'armoire secrète de l'église ? Sans ouvrir une discussion, qui serait longue, sur le caractère plus ou moins cryptogène de cette fameuse armoire, sur l'histoire de la découverte et sur la dose de candeur dont il faudrait gratifier le « chef jésuite » si libéralement doté par ailleurs de toutes les nuances et profondeurs de la ruse, — qui aurait conçu l'idée neuve de déposer dans une église, son inséparable exemplaire, ne suffira-t-il pas de mentionner ici que, même de l'aveu des plus intrépides adversaires, le document n'émane pas d'un jésuite ?

Qui en convient de meilleure grâce que M. Vollet ? « Le manuscrit ne présente pas, dit-il, les caractères d'une main de jésuite ! » Voilà qui est parlé.

Ainsi les graphologues eux-mêmes n'arrivent pas à soupçonner un lointain degré de parenté quelconque entre le scribe et les Jésuites ? Pas même un vague trait de ressemblance ?... Il fallait sans doute que ce fût un fier ennemi des Jésuites, celui qui a calligraphié ce manuscrit-là ?

(1) *Précis hist.* 1881, p. 357.

Mais de ce chef, nous voilà en opposition avec la thèse de M. Hochstetter et nous revenons ainsi au second point du programme.

N'a-t-il point mis la main, lui, sur un « autographe » dont l'authenticité appert aux yeux les moins exercés ? Et n'est-ce point là le fond de son édition critique et définitive ? Définitive, admettons ; critique ? Voyons. La première règle du critique, avant de se prononcer sur l'authenticité d'un document, est d'en établir rigoureusement la provenance.

D'où vient donc cette pièce ? Et qui l'a transcrite, puisque c'est une copie ?

De ces questions nettes, M. le Professeur Hochstetter n'a souci. On l'avait baptisé, cet exemplaire, du nom de manuscrit de Ruremonde, — baptême d'hérétique, il est vrai, et dont les archivistes de Bruxelles, les gardiens du document, ont contesté vivement la validité. Après tout, s'il n'est pas de Ruremonde, a pensé M. Hochstetter, il arrive quand même du Limbourg : donc... il provient d'*un* collège du Limbourg ; donc..., il est authentique ! — Ne pressons pas le sorite, trop caduc... Mais M. le Professeur nous permettra-t-il de lui poser quelques questions très précises qui permettront, ou à lui ou à nous, de faire une bonne fois la lumière sur ce point ?

Puisque le savant critique a si bien contrôlé les textes et n'a pas laissé échapper une virgule, s'étonnera-t-il si je lui demande, avant tout, de préciser encore et de vouloir bien nous dire où et quand il a compulsé ce document authentique ?

M. Hochstetter répond dans sa Préface : « Aux archives belges du Palais de justice, à Bruxelles » ;

et l'édition française de 1901 (1) répété mot pour
mot : « Le texte que nous publions est celui qui
a été collationné sur le manuscrit du Père Brothier, dernier bibliothécaire des Jésuites de Paris
avant la Révolution. Il est conforme au manuscrit
authentique des archives de la Belgique, au Palais
de justice, à Bruxelles, — catalogué sous le
n° 730 ».

Or, pas plus sous le n° 730 que sous n'importe
quelle autre rubrique, ce document n'est catalogué aux Archives du Palais de justice de Bruxelles, et non-seulement il n'est pas porté au catalogue, mais au Palais de justice personne n'en a
connaissance : *il n'y est pas !...*

Que M. Hochstetter, au nom de la critique,
veuille bien s'expliquer ; car je puis opposer à ses
précédentes déclarations, dès qu'il lui plaira, le
témoignage unanime et catégorique de tous les
archivistes du Palais de justice de Bruxelles.

Aux Archives générales du Royaume, il existe
bien un manuscrit des *Monita Secreta*, qui portait jadis le nom de manuscrit de Ruremonde et
qui est catalogué, de fait, sous le n° 730 des *Car-
tulaires et manuscrits*. M. Hochstetter se justi-
fiera-t-il en disant que c'est ce document-là qu'il
a collationné ? Aurait-il confondu le Palais de
justice de Bruxelles — qui n'est pourtant pas im-
perceptible — avec les Archives générales du
Royaume ?... A la rigueur, ce n'est pas absolument
impossible. Mais si la démonstration d'authenticité débute par une méprise aussi peu croyable,
comment ne pas trembler non seulement pour la

____

(1) *Monita Secreta : les Secrets des Jésuites*, Cornely,
Paris 1901.

ponctuation et le redressement des virgules, dont
le critique de Stuttgart nous dit avoir fait sa spé-
cialité, mais pour le texte et pour la base même
de la démonstration ?

Ce n'est point ironie. Car M. Hochstetter, historien de profession, ne manque pas d'indiquer
soigneusement les sources et nous allons voir qu'il
traite les documents avec autant de succès que les
monuments, l'histoire avec autant de précision
que la topographie. « Ce manuscrit », écrit l'auteur dans sa Préface, « provient d'un collège du
Limbourg hollandais, où il fut saisi, avec toutes les
peines du monde (*mit Muehe und Not*), lors de
la suppression des Jésuites dans les Pays-Bas,
en 1773. Il en est fait acte au procès-verbal des
délibérations d'un comité établi pour le règlement
des affaires concernant les Jésuites, au moment
de leur suppression, le 25 octobre 1773. Le
procès-verbal est signé de MM. les conseillers
Leclerc, comte Philippe Mouy (*sic*) Cornet de
Grez, Limpeux (*sic*) et Turk. »

L'édition française donne les mêmes références ;
seulement le comte Philippe Mouy, de l'édition
Hochstetter, devient le comte Philippe-Nouy.

En réalité, c'est du comte Philippe de Nény et
du conseiller Limpens qu'il est question, — signa-
tures fort lisibles, du reste, — dans la pièce men-
tionnée. Ces légères corrections de détail ne
peuvent infirmer en rien, il est vrai, le fond du
débat ; mais, puisqu'il s'agit d'une édition critique et que l'auteur invoque lui-même, comme
un argument de plus, la scrupuleuse exactitude
de ses recherches et la précision de ses renseigne-
ments, il est impossible de laisser passer, sans la
relever comme il convient, si étonnante prétention.

Que prouve, maintenant, cette pièce? D'après M. Hochstetter, elle prouve que le susdit manuscrit des *Monita Secreta* vient d'un collège des Jésuites, puisque dans le Protocole il en est fait mention.

Mais pas même cela. Où donc le savant collationneur a-t-il pris que l'exemplaire des *Monita* fût mentionné dans le Protocole? Le Protocole n'en dit mot; dans le relevé des documents saisis au collège de Ruremonde, il n'est absolument pas question de *Monita Secreta.* Comment M. Hochstetter a-t-il pu arriver à pareille découverte? Encore une fois, il confond,.... *Monita Secreta* avec...... Palais de Justice, Mais où est le lien?

La farde du collège de Ruremonde, n° 11, est une pièce absolument distincte de l'autre et qui n'a rien de commun avec elle. Les archivistes ignorent absolument la provenance de l'exemplaire manuscrit des *Monita,* de sorte que, même en supposant que le Protocole signale les *Monita* au nombre des pièces saisies aux archives de Ruremonde, il resterait à prouver que l'exemplaire saisi est bien celui-là, et non pas un autre; et toute la discussion de M. Hochstetter s'écroulerait ainsi par la base, car elle reposerait sur une hypothèse dénuée de tout fondement, sur une conjecture de haute fantaisie.

Fantaisie non moins stupéfiante, quand le critique découvre le nom des *Monita Secreta* dans l'inventaire de la saisie. Voici le contenu du document relatant le nombre et les titres des pièces recueillies par le commissaire du Gouvernement :

1. Livre des Ordonnances.

2. Réponses des Généraux aux demandes des Congrégations provinciales.

3. Réponses des Généraux aux demandes des autres provinces.

4. Solution des cas offrant difficulté.

5. Lettres manuscrites des Généraux.

6. Ordonnances des provinciaux. Première partie.

7. It. Deuxième partie.

8. Réponses des Procureurs désignés par les Congrégations provinciales.

9. Lettres des provinciaux.

10. Vœux des Profès, des coadjuteurs spirituels et temporels.

11. Coutumier de la province.

12. Lettres des provinciaux.

13. Annales du collège de Ruremonde 1707.

14. Mémorial des provinciaux.

L'inventaire porte la date du 25 octobre 1773. Il est de toute évidence qu'il s'agit des cartons saisis dans la Chambre du Recteur. Rien n'y manque, des pièces constituant les archives spéciales de la maison. Mais sous quelle rubrique M. Hochstetter trouvera-t-il la mention des *Monita Secreta Societatis Jesu?*

Serait-elle ailleurs? Pas davantage. J'ai compulsé soigneusement cette liasse de 96 pages grand format, où sont relatées les moindres particularités de la saisie et jusqu'aux tuiles cassées ; des *Monita* il n'y a trace. Or, — que l'on veuille bien remarquer ce détail très significatif, — il apparaît clairement, à la teneur même des Rapports, que le gouvernement des Pays-Bas avait ordre de relever tout grief qui pourrait être à la charge des Jésuites. Quelques feuillets se trouvant lacérés au

Mémorial des provinciaux, il se hâte de prescrire une minutieuse enquête ; les anciens Pères sont interrogés, leurs dépositions consignées et, du coup, le prétendu mystère s'éclaircit. Le commissaire Luytgens écrit dans son rapport : « Je n'ai rien découvert jusqu'ici de répréhensible. » Certes, si une copie des *Monita* s'était trouvée parmi les archives du Recteur, quelle autre chanson !

Ainsi le Protocole et l'Inventaire témoignent directement qu'il n'y avait aucun exemplaire des *Monita* au collège de Ruremonde. Par quel don de seconde vue, M. Hochstetter déchiffre-t-il dans les documents ce que nul autre humain ne saurait y voir ?

Quant au manuscrit lui-même, il faudrait une singulière bonne volonté pour l'attribuer à un Jésuite, surtout à un « chef » de Jésuites. Manifestement il est d'un copiste ignorant son Despautère, depuis le rudiment. J'ai eu, comme M. Hochstetter, et après lui, la curiosité de parcourir, pour l'acquit de ma conscience et pour la pacification de mon âme, ces feuillets révélateurs. Les inadvertances, les méprises, les énormes bévues dont il est littéralement hérissé, accusent une transcription de main extraordinairement calleuse. De là à un autographe de chef d'Ordre, infinie est la distance. Comment M. Hochstetter, en la franchissant, a-t-il pu fournir ce bond prodigieux ?

Voudrait-on des exemples ? Il suffit d'ouvrir au hasard le fascicule, et pour qu'on ne me soupçonne point de choisir les passages, voici le début lui-même, Chapitre premier, nº 1 :

Ut se gratam reddat incolis loci, multùm
conducret explicatio finis Soctis præscripti in Regulis
ubi dicitur Soctem summô conatur in salutem prox
-imi mitcumbere, æque ac in suam, quæ similia
obsequia obeunda, in Zenodochiis afflicti; Incar-
cerati invisendi.

Bien habile, qui comprendra ce latin-là ! Et
ce n'est que le début. Les pages 5, 15, 16, 23 et
24 offriraient des échantillons d'un goût bien
supérieur.

L'accentuation, de son côté, est des plus sauvages ; impossible à qui le veut, de se rendre
compte des règles qui la régissent : les accents
graves, aigus ou circonflexes vont frapper indis-
tinctement les voyelles et les consonnes ; les
points font faillite pour la moitié des i. Quant à la
ponctuation, c'est une débauche de virgules
comme il n'y en a pas d'exemple ailleurs. Je re-
lève seulement les premières lignes de l'*Avant-*
propos :

Privata hæç monita, custodiant diligenter,
et penes se servent Superiores, paucisque ex
Professis, ea tantum communicent, et aliqua
de iis instruant non Professis.

Le copiste, et à chaque ligne on en trouve la
preuve palpable, n'a certainement pas compris ce
qu'il écrivait. Comment lui imputer l'œuvre elle-
même ? Et quel jésuite pourrait bien avoir parlé
un latin de cet acabit ?

D'ailleurs le manuscrit porte nettement la
marque de son origine. Car les *Monita* — et je
m'étonne grandement que M. Hochstetter ait
fermé les yeux sur ce début — les *Monita* sont
précédés d'un petit poème en vers latins où l'iro-

nie déborde sous une phrase un peu barbare, et qui sont une satire de la Compagnie de Jésus et même du « *Rector acutus* » à qui sont confiés ces avis. Ira-t-on soutenir que les Supérieurs de l'Ordre ont composé eux-mêmes, en vers latins, et si peu spirituels, leur propre satire? Le document provient donc, comme la satire qui lui sert d'*Introduction*, d'un adversaire de la Compagnie, et une note marginale insérée au chapitre XI, de même que certains passages spécialement soulignés, indiquent assez à quelles fins avait servi le manuscrit antérieur, dont celui-ci n'est qu'une grossière transcription.

Il serait trop facile de montrer maintenant que l'édition Hochstetter, pas plus que l'édition française, ne reproduit le texte du manuscrit auquel les deux éditions se réfèrent. L'ordre même et la division des paragraphes ne correspondent en aucune façon, par exemple, chapitre X et XX ; des membres de phrase sont ajoutés ; une foule de mots diffèrent du tout au tout. Quelle est donc cette collation que le scrupuleux critique assure avoir faite sur ce texte précieux?... Mystère !

En résumé, M. le professeur Hochstetter affirme dans son édition savante :

1° Que le texte édité par lui est conforme au texte du manuscrit de Bruxelles. — Il ne l'est pas.

2° Que le manuscrit de Bruxelles est authentique. — Il ne l'est pas.

3° Que le Protocole de Ruremonde mentionne cet exemplaire des *Monita*. — Il n'en parle pas.

4° Que ce même document se trouve au Palais de Justice de Bruxelles. — Il ne s'y trouve pas.

M. Hochstetter s'expliquera-t-il?... Oui ou non,

la loyauté est-elle encore de mise au camp adverse? Et n'est-ce point là vouloir prouver un faux par un faux?

Quant au manuscrit qui porte indûment le nom du P. Brothier, nous n'avons pas à nous y arrêter : c'est une pièce appartenant aux archives publiques du collège Louis-le-Grand dont le P. Brothier avait l'administration ; mais ce n'est pas un manuscrit *du* P. Brothier. Le célèbre bibliothécaire ne s'amusait point, qui l'ignore? à copier des imprimés pour ses archives.

Sera-t-on plus heureux avec le premier manuscrit de Munich, celui que M. Vollet nous présente comme sortant du couvent des Cisterciens d'Anspach, mais qui provient en réalité, d'Alderspach? C'est bien un jésuite, en effet, qui a transcrit la pièce, vers les dernières années du XVIIᵉ siècle, au plus tôt. Mais voici que le bon copiste, pensant à la devise et à la vocation spéciale de la Compagnie de Jésus, n'a pu contenir ses sentiments, et sur le dernier feuillet, tout au bas, il a écrit de sa plus belle main, pour que nul ne s'y méprît : *Per hæc non potest laudari Deus ;* ce n'est point avec cela que l'on peut procurer la gloire de Dieu (1). M. Vollet n'a point cité cette finale, qui suffit à renverser sa thèse.

Ainsi, de tous les exemplaires manuscrits que possédaient, pour leur défense, et dans leurs archives publiques, les maisons de la Compagnie, aucun n'apparaît à l'état de document secret, aucun n'a été copié de la main d'un jésuite, un seul excepté, que le transcripteur a pris soin de stigmatiser, et tous sont de date récente. Ce

____

(1) Duhr, *Jesuiten-Fabeln*, 3ᵉ éd., p. 119.

n'est point d'habitude, à ces signes que se révèle un original.

Mais est-il absolument exact que l'on n'a découvert chez les Jésuites que des manuscrits relativement récents, et aucun qui fût antérieur aux éditions de 1614 ? Ce point a été chaudement contesté, et il devait l'être, en effet, puisque c'est le point décisif. Or les tenants de l'authenticité n'ont apporté jusqu'ici que des affirmations ou des légendes dont la critique n'a rien laissé debout.

Et ces affirmations sont entre elles absolument contradictoires. *L'original qui aurait fourni* l'édition de 1614, se trouvait à Padoue, affirmait Zahorowski. Et qui, mieux que lui, était à même de le savoir ? — Non ; l'original est à Paderborn, déclarait trente ans plus tard, dans son édition de 1613, Gaspar Schopp, qui précisément habitait Padoue. Et c'est la version qui désormais se substitue à celle de Zahorowski ; celle qui a pris corps dans les éditions de 1668, 1678, 1682, puis dans l'édition de 1761 intitulée de Paderborn (*sic*) et dans toutes celles qui en dérivent.

Son succès lui vint tout uniment de l'anecdote, d'ailleurs controuvée, dont Schopp avait cru pouvoir corser son assertion. « Il y a quelques années — écrivait-il — quand le duc Christian de Brunswick, soi-disant évêque d'Halberstadt, mit au pillage le collège des Jésuites à Paderborn, il légua leur bibliothèque et leurs archives aux PP. Capucins, qui découvrirent la présente *Instruction secrète* dans les cartons du Recteur. Même chose arriva au collège des Jésuites de Prague, à en croire des hommes qui ne sont pas

Indignes de créance (1). » — Légende sans fondement, qui bientôt fit place à d'autres, Car on affirmait encore que l'authentique aurait été saisi à Prague ou à Anvers (2) ; dans une cachette cloisonnée du collége de Heidelberg ; sur un vaisseau en partance pour les Indes (3). L'édition de Francfort et Leipzig, en 1747, donnait comme source les archives des Jésuites de Glatz, où un officier prussien, etc.,, — C'est merveille de contempler pareil accord. L'authentique est partout, mais personne n'est en état de le produire ; les éditeurs n'ont que des copies, et ils sont incapables de dire d'où leur vient cette copie et quelles sont les garanties d'authenticité, Bien plus, suivant les besoins de la cause, chaque nationalité attribue l'original à d'autres nations, et de préférence aux pays lointains ; pour les éditeurs polonais, c'est l'Italie, pour les Italiens, c'est la Prusse ou la haute Bohême ; pour les Prussiens, la Silésie ; chacun passant le chanteau à son voisin et se récusant courtoisement de posséder le trésor qu'on a l'obligeance de lui attribuer, Zahorowski, dont l'édition paraît à Cracovie, témoigne que l'authentique est à Padoue, Schopp, qui ne découvre rien à Padoue, se rejette sur Paderborn, Mais le petit roman qu'il arrange pour la circonstance et dont nous avons cité le texte plus haut, n'offre pas même une pâle couleur de vraisemblance.

Ignore-t-on que Christian de Brunswick, dit l'*Enragé*, chef de bande et grand saccageur

(1) *Arcana Soc. Jesu..*, Append, 1,
(2) Cf. Harenberg, *Pragmatische Geschichte des Ordens der Jesuiten*, 1760, t, I, p, 51 et t, II, p, 1154.
(3) Nellessen, *Die Monita Secreta*, Aachen 1825, p, 3, sq.

d'évêchés et de couvents, était loin, de porter les Jésuites dans son cœur ? Deux étendards le précédaient dans toutes ses expéditions ; sur l'un se détachait une tiare foudroyée, et sur l'autre sa devise : « Ami des hommes, ennemi des jésuites. » Au sac de Paderborn, en 1622, qu'il eût fait un présent aux Pères Capucins, c'est déjà peu croyable ; qu'il ait spécialement choisi comme don les archives des jésuites, c'est plus invraisemblable encore ; mais que les bons Pères capucins, en dépit de l'Inquisition et du Décret de l'Index, aient publié les *Monita*, si tant est qu'ils en fussent les possesseurs, c'est ce qui dépasse par trop les bornes que la raison a fixées à la fantaisie.

Tout ce qu'il y a d'historique dans ce roman, c'est que le collège de Paderborn fut en partie pillé, et Christian, qui convoitait pour sa part la bibliothèque des Jésuites, en quoi il faisait preuve d'esprit, chargea ses hommes d'emballer soigneusement volumes et manuscrits. Mais les mousquetaires, peu au fait du maniement des in-folio et n'ayant apparemment que des notions fort approximatives sur le poids du papier, n'imaginèrent rien de mieux que d'entasser les collections dans des caisses gigantesques, si pesantes à mouvoir qu'il fut impossible de les véhiculer hors de la maison. Sur ce, les troupes régulières accouraient. Christian décampa prestement, laissant aux Jésuites leurs livres et leurs cartons, qu'ils retrouvèrent intacts (1). Voilà ce qu'il en est de l'authentique de Paderborn et de la légende de Christian l'Enragé.

Au reste, Schopp, qui a écrit contre tout le

____

(1) CORDARA, *op. cit.*, t. I, p. 305.

monde, même contre Cicéron dont il trouvait le latin défectueux, n'a jamais admis, nous en fournirons la preuve, l'authenticité des *Monita secreta*.

Mais la critique est lente à désarmer. Friedrich lui-même s'est donné une peine infinie, et bien perdue, pour établir l'existence d'un autographe antérieur à 1614. C'est dans les *Mémoires de l'Académie royale de Bavière* (1) qu'il a consigné le résultat de ses travaux. D'après lui ce premier exemplaire connu des *Monita secreta* aurait appartenu au collège des Jésuites de Prague, et, « vraisemblablement », il aurait servi à l'édition de 1612, après sa mise au jour lors du pillage de la ville par les Saxons en 1611. Friedrich se base surtout pour déduire ces conclusions, sur une *Instruction* adressée au jésuite Forer, où il est question de ce document.

Là-dessus le P. Duhr, avec sa haute compétence, démontre :

1. Que les Saxons ont pillé Prague, non pas en 1611, mais en 1631, et que le manuscrit trouvé en 1631 ne peut être considéré, en vertu des dates, comme l'original de l'édition de 1612.

2. Que l'*Instruction* adressée à Forer ne parle nullement d'un exemplaire *trouvé*, mais d'un exemplaire « envoyé ». Par conséquent, même en admettant la date de 1611, on ne pourrait rien arguer, puisque la pièce vient du dehors, et non pas du dedans.

3. Qu'il peut s'agir tout aussi bien, d'après le texte de l'*Instruction*, d'un livre imprimé que d'un manuscrit, « famosos libellos », d'autant

____

(1) *Abhandlungen der K. bayrischen Akademie, hist. Kl.* t, XVI, p. 97. Cf. *Beilage* I, p. 151.

plus qu'il est parlé de deux exemplaires et que la date n'est point indiquée. Le texte porte en propres termes : « Negari non potest circiter ante Saxonum adventum missos fuisse duos famosos libellos ad Collegium (1). »

Assurément le Professeur Friedrich, qui a « voué sa vie à la guerre contre la Curie et les Jésuites », aurait pu être mieux inspiré. C'est en 1891 que le P. Duhr a fait justice, avec pièces à l'appui, de cette imputation. Mais ceci n'a point empêché le Professeur Gust. Kaweran en 1894, d'insérer de confiance l'opinion de Friedrich dans le troisième volume de l'*Histoire ecclésiastique* de Moeller.

En résumé, avant l'édition clandestine dite de 1612 et sa diffusion par la presse ou par les copies manuscrites, on n'a jamais entendu parler de *Monita Secreta*. Jamais on n'a pu produire l'original, qui aurait servi, dit-on, aux éditions de 1614, de 1635, de 1747, de 1761 ; jamais on n'a pu dénoncer même un simple exemplaire authentique ; jamais on n'a trouvé un seul fascicule dans les archives soi-disant secrètes des maisons de la Compagnie, et jamais un autographe émané d'un jésuite, à part une seule transcription faite cent vingt ans après la première édition et manifestement destinée à une œuvre apologétique.

Que faut-il de plus pour réduire à néant tant de calomnies amoncelées depuis trois siècles, toutes contradictoires entre elles, et portant toutes les stigmates de la haine, souvent aussi, de la mauvaise foi ?

(1) Duhr, *op. cit.*, p. 50.

CHAPITRE IV

L'œuvre. — Silhouettes de la bande noire. — *Ite rapite l..* — Sirops et liqueurs. — Les princes au réfectoire. — Le chapitre des veuves. — Jeunes gens au Noviciat et demoiselles au couvent. — *Tuba magna*. — La « naïveté » des protestants. — Harnack et les *Monita*. — Epilogue.

L'histoire finira-t-elle par avoir raison de la légende ? — Dans le paisible et laborieux cénacle des spécialistes, assurément ; et c'est depuis longtemps chose faite. Mais dans les rangs compacts du vulgaire, dans le cercle même des publicistes affairés qui exploitent méthodiquement leur *Larousse* et les Encyclopédies similaires, il n'y a pas lieu d'y compter beaucoup. Il faudrait bien mal connaître la genèse des idées de la foule et le penchant des masses à croire même l'impossible, quand les passions y trouvent leur compte, pour s'imaginer qu'une erreur historique de cette nature, une fois épanouie sous les cerveaux, exploitée de mille façons par la littérature populaire, puisse un jour à la lumière des documents et des dissertations scientifiques, se dissiper, comme au soleil de juin la brume, sur les pics de l'Alphorn.

Les plus fantastiques préjugés n'arrivent-ils point à s'emparer des intelligences les plus brillamment douées ? Tout fraîchement encore, un grand journal qui fait mentir rarement son renom de gravité, n'hésitait pas à publier, dans un feuilleton irréprochable par ailleurs, ces lignes estampillées d'une signature de marque. « Les francs-maçons ont affranchi désormais leurs publications de la formalité obligatoire du dépôt légal et les ont à l'instar des Jésuites, en *Monita Secreta* à l'abri de la curiosité et de l'indiscrétion des profanes. »

Lapsus ? Soit ! je n'en disconviendrai pas : mais combien surprenant sous la plume d'un philosophe aussi érudit que consciencieux ! Et quand on réfléchit dès lors à la mentalité populaire, en vérité cela ne rend-il pas rêveur ?...

Mais il faut en prendre philosophiquement son parti. Toutefois, si quelque esprit loyal se sent le désir de s'éclairer par une méthode rapide, sur la question, qu'il lui plaise seulement de se procurer une édition quelconque, naïve ou critique, des *Monita Secreta*, Hochstetter, des Pilliers ou Zahorowski ; je lui promets une surprise des mieux caractérisées et une lecture pour le moins égayante.

Rien ne vaut contre l'œuvre, comme l'œuvre même. Et je serais fort désireux de savoir comment s'y prendrait la philosophie de l'Inconscient pour trouver une solution élégante à ce problème ; car il semble que l'auteur ait pris à tâche, en effet, d'accumuler dans son factum toutes les contradictions comme toutes les invraisemblances.

Je ne parle pas du tableau d'ensemble, incohérent assemblage d'horrifiques monstruosités. Non seulement il laisse bien en dessous tous les essais de ce genre, même cette mirifique et jubilante *Histoire de saint Ignace et de saint Pierre*, avec son *Ite, capite, rapite super totam terram*, dont un bien charmant homme, une crème de doyen, me fait chaque année les honneurs, avec un intarissable humour ; mais il est tellement chargé, poussé au noir absolu, que Zahorowski, pour atténuer apparemment l'effet, a cru prudent lui-même de revenir sur son chef d'œuvre et d'amortir un tantinet les teintes. L'édition de 1614 ne connaît plus cette anodine recommandation, qui couronnait le *Monitum Quartum* des manuscrits (1) ; « S'il prend goût aux Seigneurs de se révolter, que l'on suggère au Prince de les faire secrètement disparaître par le fer ou par le poison, et quant aux scrupules qui pourraient en résulter, qu'on les prévienne par de sages avis. »

Évidemment le faussaire s'était dit, ou bien on le lui avait fait comprendre, que l'invention surpassait toutes les limites de crédibilité connues jusqu'alors, même pour la sottise la plus.,.. robuste.

En quoi il eut bien tort, assurément. Ce trait-là ne déparait point du tout le reste : il était fort bien en place, et le tableau n'est ni moins ni plus invraisemblable avec lui que sans lui. Exemple. N'est-ce pas précisément cette virulence et cette débauche même d'horreurs qui a déterminé plusieurs de nos contemporains à tenir l'œuvre pour authentique ? — « Ces canailleries-là ? » écrivait le pasteur Graeber en 1886, « mais précisément, c'est tout à fait Jésuite ! » Voilà un de ces arrêts —

---

(1) GRETSER, *Op. cit.* p. 990 D.

entre bien d'autres — qui révolteront sans doute quelque âme débonnaire, — « Justice de Huron ! » direz-vous.

Oh ! lecteur ami, n'injuriez pas, je vous prie, les Hurons. Mais observez seulement qu'aux XVIIe et XVIIIe siècles, il n'en allait pas exactement de la sorte. Fra Paolo lui-même, non moins haineux, mais plus clairvoyant que les Graeber ou les Philippson d'aujourd'hui, broncha tout net devant l'acte de foi. — « Balivernes que tout cela » écrivait-il au sujet des *Règles* imprimées à Lyon. Puis revenant aux *Monita* et au degré surhumain de scélératesse qu'ils supposent dans un homme : « A coup sûr, » déclare-t-il, en donnant un tour d'ironique bonhomie à sa pensée, « nous n'avons pas, en Italie, une idée de ces choses là. Ailleurs, il se peut qu'on soit plus scélérat ; mais ce serait à la honte de la nation italienne, qui a le record sur tout l'univers (1). »

Fra Paolo calomnie ses compatriotes, qu'il détestait comme trop papistes. Mais Zahorowski n'est-il point jugé par ce trait ? En voulant faire trop bien, il a nui à sa besogne, sinon pour l'avenir, du moins, la preuve en est là, pour le passé.

Car comment faire accroire à un esprit sensé qu'une bande noire de cette ampleur et de cette noirceur puisse même se fonder ? Comment imaginer surtout qu'elle réalise le miracle permanent de se maintenir au grand jour, d'établir ses missions, ses collèges et ses œuvres dans tous les coins du monde, de gagner, avec l'estime de tous les papes, l'affection des plus saints et des plus illustres évêques, la reconnaissance

____

(1) GRAEBER, *Op. cit.*, Préface.

des catholiques du monde entier, sans que personne ait jamais soupçonné la vie occulte et misérable de ces hommes, sans que l'on soit en mesure d'articuler un fait, un grief qui les amène devant les tribunaux, sans que les « profanes » d'un tel Institut, en contact journalier et intime avec les « initiés », découvrent ou devinent jamais le moindre de ces secrets, rien de suspect ni de blâmable ?

Comment peut-il se faire, aussi, que tous les chefs soient d'infâmes coquins, et les subordonnés des gens d'une vertu assez pure et rayonnante pour que le monde, au dire de Zahorowski, en soit tout édifié ? Et n'avait-il pas en effet sous les yeux, ce pauvre Zahorowski, des modèles d'une angélique candeur, les Louis de Gonzague, les Jean Berckmans, et, plus près de lui encore, l'une des gloires les plus douces de la Pologne, l'aimable et céleste Stanislas Kostka ?

M. Hochstetter et ses amis arriveront-ils ou même chercheront-ils à concilier ces inconciliables contradictions ?

Au fait, pourquoi pas ? Quand une imagination hantée se met en campagne avec une telle furie, — le *furor teutonicus*, — non, il n'est pas absolument impossible de se forger un idéal de noirceur et de perversité supramondiales, dont l'incohérence apparaisse précisément comme le sceau le plus authentique de la réalité : L'être humain a de ces profondeurs !... Soit ; mais alors, dès qu'on en revient au côté pratique, à la forme concrète d'exécution, voici qu'une autre difficulté surgit, diamétralement opposée : Quels moyens peuvent bien être de taille à atteindre une telle fin ? En fait, par quel art infernal, par quelle sorcellerie de machiavéliques procédés, ces hommes, incarnations de toutes les astuces, parviendront-ils à exécuter leur plan gigantesque de drainer l'or, de tyranniser les Empires, de subjuguer les deux mondes ?

— Par quels moyens ? Par quelle sorcellerie d'enfer ? Voici. Lisez plutôt vous-même, dans ces effroyables *Monita* !

« Ils prendront des sirops et des liqueurs avec modération...

« Pour diriger les veuves, ils choisiront des Pères d'un âge déjà mûr, et aux vives couleurs...

« Quand les princes leur rendront visite, ils auront soin de les saluer en plusieurs langues au réfectoire...

« Aux grands du monde, pour capter leurs faveurs, ils offriront des petits présents, *par exemple* une femme, s'ils sont en âge de se marier... »

Et tout le reste à l'avenant. C'est à mourir de rire.

Le grave Gretser, quand il lui arriva de transcrire et de commenter ce passage, ne put garder sa plume entre ses doigts et, du coup, tout son fiel disparut. — « Eh quoi ! dit-il, il compte les femmes parmi les petits cadeaux !... (1) » Et l'on voit bien à ses tournures latines qu'il riait de toute son âme, invoquant M. Tullius Cicéron et Quintus son frère *in suo Commentario de petitione Consulatus*.

Quant à Zahorowski, imperturbablement il

(1) Cantu, *Les hérétiques d'Italie*, t. IV, p. 148 sq.

continue : *Sed quia fœmina varium et mutabile semper est animal, ideo sedulam operam adhibendam, ut,... stabiliantur. (Monitum II).*
« Mais puisque la femme est un animal toujours variable et changeant, aussi est-il urgent de chercher à les affermir dans l'amour de la Compagnie en leur trouvant des servantes idoines, à qui l'on ne manquera pas non plus de faire des petits présents. »

Le *Supplément scientifique* de la *Gazette universelle* n'a-t-il pas trouvé ce paragraphe délicieux ?... Et d'une profondeur de vue !... Ajoutant au surplus : « Comment les jésuites ont mis en pratique ces règlements, presque tous les États de l'Europe peuvent le dire. (1) »

O humanité !

L'immortel *Chapitre des Veuves* est tout entier de cette force. Le problème à résoudre étant de gagner les bonnes grâces et les biens de ces dames, voici la solution des *Monita VI, VII et VIII* (2) :

« Il faut engager les mamans à enlever à leurs fils le nécessaire (*necessaria subtrahat*), à leur donner très peu d'argent, si peu que rien, lorsqu'ils seront au collège, afin que dégoûtés de la vie, ils entrent dans notre Ordre. »

Pour les jeunes filles, c'est mieux combiné encore.

« Si les demoiselles nobles font les difficiles et refusent d'entrer en Religion, la mère emploiera les verges, les menaces, les mauvais traitements et leur coupera toute relation avec la bonne société. »

<hr>

(1) *Allgemeine Zeitung 1869, Beilage* n° 325.
(2) GRETSER, *Op. cit.*, p. 953, sq.

Que pense aujourd'hui la *Gazette universelle,* de ce mode de recrutement ? Est-il assez profond ? Et ce moyen de gagner en douceur les bonnes grâces des mamans ? Est-ce suffisamment subtil ?

Au reste, Zahorowski jouit d'un doigté tellement rudimentaire qu'il n'arrive pas à accorder deux passages qui se suivent, à quelques lignes près. « A tout prix, » écrit-il au *Monitum de dimissis,* « il faut empêcher ceux qui ont quitté la Compagnie de se faire une situation, et à l'égard de quiconque voudrait les favoriser en rien, employer la terreur des censures et les refus d'absolution ».

Mais plus loin : « Avant de promouvoir aux bénéfices ecclésiastiques ceux qui sont sortis de l'Ordre, il faut que les Nôtres aient grand soin d'exiger d'eux une bonne somme d'argent. »

Et c'est par ces moyens que les jésuites ont à gouverner le monde !

On pourrait poursuivre à l'infini la liste de ces naïvetés énormes et de ces invraisemblables sottises. A quoi bon ? N'avons-nous pas assez vécu dans ce monde de fantasmagories pour en avoir une idée satisfaisante et pour juger, à leur valeur, ces insanités ?

Il est plus opportun d'achever ces rapides considérations en demandant à la critique elle-même son témoignage. Les Hochstetter sont rares ; nous les avons tous dénombrés, et fort heureusement pour l'honneur de la science, il y a dans les rangs des critiques, contre cette demi-douzaine d'esprits aventureux, une consolante unanimité.

Il serait piquant de préluder par le témoignage même des éditeurs.

Zahorowski a garanti tout d'abord, il est vrai,

l'authenticité ; mais devant ses juges il n'a pu produire son fameux manuscrit, ni une preuve, ni même un chef d'accusation, et nous avons vu qu'il a fini par se rétracter.

Après lui, Kaspar Schopp a cru plaisant de citer *in extenso* le pamphlet dans ses Arcanes. Mais il le présentait sous couleur de fable, en imaginant une trouvaille romanesque bien propre à mettre à couvert sa responsabilité. Sa correspondance témoigne surabondamment que s'il avait des rancunes obscures contre quelques jésuites, il faisait grand cas de la Compagnie.

Un éditeur, pourtant, s'y laissa prendre. Il se nommait de son vrai nom Henri de Saint-Ignace ; ce qui ne l'empêcha point, pour faire pièce à la Compagnie de Jésus, car il était janséniste fougueux, de donner dans sa *Tuba magna* en 1712, une édition nouvelle sous un titre retentissant : *La Grande Trompette faisant retentir ses sons effrayants aux oreilles de Sa Sainteté le Pape Clément XI, de l'Empereur, des Rois, des princes, de tous les magistrats et de tout l'univers, touchant l'extrême nécessité de réformer la Société de Jésus, par le très érudit Libérius Candidus, professeur de théologie.* Strasbourg.

L'auteur était Carme. Absolument convaincu de l'authenticité des *Monita Secreta*, on juge de son effroi et l'on s'explique sans peine qu'il ait brusquement saisi cette *Grande Trompette* pour sonner son épouvante à tous les coins du monde et pour prémunir le Pape, l'empereur et les rois contre une pareille société, si digne, en effet, de réforme (1).

Le jésuite Huylenbroucq, par une dissertation

(1) CORDARA, *Op. cit.* t. II, p. 372.

en règle (1), comme il convenait envers un maître
de théologie, lui démontra son erreur. Le Carme
fut persuadé ; il rendit les armes et mit au jour
Autre Trompette, — *Tuba altera* (2), par laquelle
il exprimé ainsi ses sentiments : « Au quatorzième
coup de trompette, nous réclamions la *Réforme
des Monita Secreta.* Mais le P. Huylenbroucq
rejette ces *Instructions* impies, et il a raison. La
Société, dit-il, les condamne ; elle les repousse
avec horreur. Il prouve l'absurdité de la fable...
Je me range volontiers à son avis et je croirai,
par conséquent, que ces *Monita* impies n'ont
jamais été composés par les Jésuites ? »

Les éditeurs modernes sont d'une conscience
moins timide. « Authentiques ? » déclare Sauvestre
dans la Préface de ses *Instructions secrètes* :
« qu'on interroge les Jésuites ! » — « Authentique ? » reprend des Pilliers, « qu'est ce que cela
peut bien nous faire ? » — À la bonne heure !

Quant aux bibliographes et aux critiques de
profession, ils n'ont qu'un avis, absolument catégorique. Le Dictionnaire des Anonymes de Bar-
bier (3), la *Realencyclopædie* (4), le *Catalogue* du
British Museum mettent la pièce, incontestablement, au nombre des apocryphes. Gieseler (5),
Huber (6), Reusch (7), Tschakert (8), tous ennemis

(1) HUYLENBROUCQ, *Vindicationes alteræ,* Gandavi, 1713.
(2) *Tuba altera...* Argentinæ 1714, p. 178.
(3) *Dictionnaire des ouvrages anonymes,* t. IV, p. 1316.
(4) Art. *Monita Secreta,* t. VIII, p. 747.
(5) *Lehrbuch der Kirchengeschichte.* Bonn 1853, t. III,
p. 657.
(6) *Der Jesuitenorden,* Berlin 1873, p. 106.
(7) *Theolog. Litteraturzeitung,* Dec. 1890. Cf. *Index
verbotener Bücher,* t. II, p. 281.
(8) *Die Unvereinbarkeit des Jesuitenordens mit dem
Deutschen Reiche,* Berlin 1891, p. 5.

des jésuites, sont des premiers à convenir du fait. Aucun catholique d'ailleurs, et même aucun Néoprotestant, à ma connaissance, n'a jamais soutenu la thèse de l'authenticité.

Elle est tellement démodée aujourd'hui cette thèse-là, que le Docteur Nippold, professeur d'histoire ecclésiastique à l'Université d'Iéna, écrit dans la *Revue de théologie scientifique* : « Parmi les nombreuses sottises (*Dummheithen*) — pardon pour l'expression — que les protestants ont eu le don de commettre, par suite d'une ignorance crasse, dans leur polémique contre les jésuites, il faut compter toujours, car toujours elle reprend corps, cette naïveté de croire que les *Monita Secreta* sont les Instructions officielles des supérieurs de l'ordre à leurs subordonnés (1) ».

Et avant lui déjà, le Professeur Harnack, le roi de la critique protestante libérale, avait tenu à formuler son jugement dans la *Revue littéraire de théologie* (2) : « Il est malheureux que l'on continue encore et toujours à exploiter contre la Compagnie de Jésus des falsifications comme les *Monita Secreta*. Nous avons à nous garder, nous protestants, de porter ainsi faux témoignage contre notre prochain. »

Que M. le Professeur Hochstetter veuille bien méditer ces paroles ... Sont-elles assez vives et nettes ? Et la critique protestante orthodoxe désarmera-t-elle enfin ?

(1) *Zeitschrift für wissenschaftliche Theologie,* 1897, p. 279.
(2) *Theolog. Litteraturztg.,* 1891, p. 122.

EPILOGUE

Une simple remarque.

Quand on a vu de près à quoi se réduisent ces fameux *Monita Secreta*, monument de la plus gauche supercherie, et ce que valent moralement les moyens mis en œuvre pour les accréditer ; quand on songe, en même temps, que c'est là, depuis bientôt trois siècles, l'arme la plus terrible que l'on ait pu inventer contre les « fils de Loyola », arme de choix, jamais rouillée et de plus en plus en honneur, il faut bien se dire qu'elle doit être bien radieuse et limpide, l'innocence de la Compagnie de Jésus, pour que les Loges et les sectaires de tout ordre et de toute caste, en soient réduits à pareille impuissance, incapables à eux tous de trouver mieux pour la ternir.

Ainsi le plus éclatant témoignage rendu au cours des âges en faveur de la Compagnie, plus éclatant peut-être que celui de tant de papes, de tant de saints et illustres évêques, ne lui vient-il pas, précisément, de ses ennemis mêmes ?...

Salutem ex inimicis nostris !

BIBLIOGRAPHIE

HOCHSTETTER. — *Monita Secreta, Die geheimen Instructionen der Jesuiten, lat. und deutsch.* Stuttgart 1901.

CORNÉLY. — *Monita Secreta, Les Secrets des Jésuites,* Paris 1901.

BEMBUS. — *Monita salutaria data Anonymo auctori scripti, nuper editi, cui falso titulus inditus ; Monita privata Soc. Jesu. s. l.* 1615.

GRETSER. — *Contra Famosum libellum cujus inscriptio est : Monita privata Societatis Jesu, etc. libri tres apologetici.* 1617. Dans les *Opera omnia,* t. XI.

HUYLENBROUCQ. — *Societatis Jesu Vindicationes alteræ.* Gandavi 1713.

CORDARA. — *Historia Societatis Jesu,* 1750.

MAVEL. — *Les Monita Secreta des Jésuites,* dans les *Questions controversées,* 1880.

VAN AKEN. — *La fable des Monita Secreta,* Bruxelles 1882.

WIELEWICKI. — *Historicum Diarium domus professæ Soc. Jesu ad S. Barbaram* dans les *Scriptores Rer. Polon.,* t. XIV, Cracoviæ 1889.

SOMMERVOGEL. — *L'auteur des Monita,* dans les *Précis historiques,* 1890.

DUHR. — *Jesuiten-Fabeln,* Fribourg im B., 1891.

ABT. — *Les Loges maçonniques et les Monita secreta,* dans les *Etudes,* mai 1874.

GERARD. — *The Jesuit Bogey and the « Monita Secreta »,* dans le *Month,* août 1901.

REIBER. — *Monita Secreta. Die geheimen Instructionen der Jesuiten verglichen mit den amtlichen Quellen des Ordens.* Augsburg 1902.

—

HUBER. — *Der Jesuitenorden nach seiner Auffassung und Doctrin, Wirksamkeit und Geschichte charakterisiert.* Berlin 1873.

REUSCH. — *Der Index verbotener Bücher.*

HARNACK. — Article sur le livre de Hoensbroech : *Warum sollen die Jesuiten nach Deutschland zurück,* dans la Theologische Literaturzeitung 1891, n° 4.

ZOECKLER. — *Jesuitenorden II,* dans la Realencyclopaedie für protestantische Theologie und Kirche, t. VIII, Leipzig 1900.

TABLE DES MATIÈRES

Avant-Propos   5

Chapitre I. — Genèse du livre. — Les mystères occultes des Jésuites, — Zahorowski le faussaire. — Lettres anonymes, — L'Inquisition. — Le livre condamné, — Aveux de l'auteur . . .   7

Chapitre II. — Histoire des *Monita*, — Editions du xvii' siècle, — Leur vogue en pays protestant. — Type janséniste, — L'édition *rouge-sang*. — Le F.·. des Pilliers et l'édition « soignée », — « Nous avançons ! » — « Il n'y a que les Jésuites !., » — M. le Professeur Hochstetter. — Edition critique et définitive   16

Chapitre III. — Les archives des Jésuites. — *Tu es ille vir* ! — Le manuscrit du P. Brothier, — Les caractères d'une main de jésuite ? — L'original. — L'armoire secrète de Munich, — Les affirmations de M. Hochstetter. — La farde de Ruremonde, — Kaspar Schopp. — La légende de Christian l'Enragé. — Trouvé ?.. Ou envoyé ?   29

Chapitre IV. — L'œuvre. — Silhouettes de la bande noire, *Ite, rapite* !... — Sirops et liqueurs. — Les princes au réfectoire. — Le chapitre des veuves. — Jeunes gens au Noviciat et demoiselles au couvent. — *Tuba magna*. — La « naïveté » des protestants. — Harnack et les *Monita* . .   51

Epilogue.   62

Bibliographie   63

FIN DE LA TABLE

Saint-Amand (Cher). — Imprimerie BUSSIÈRE.